27. 11. 16

Auf der Suc[illegible]
Geschenk für Dich [illegible]
mir dieses Buch begegnet.
Das sind doch die besten
Geschenke.

Ich musste sofort an Dich
denken, da Du Sprache
so magst ....

Happy Birthday

Viel Spaß beim Lesen.

LG
Andrea

dtv

Andrea Bajani

Das Leben hält sich nicht ans Alphabet

Aus dem Italienischen
von Pieke Biermann

Mit einer Nachbemerkung
des Autors

dtv

Von Andrea Bajani sind bei dtv außerdem erschienen:
Mit herzlichen Grüßen (14117)
Lorenzos Reise (14186)
Liebe und andere Versprechen (14295)
Erkennst du mich (14308)

Ausführliche Informationen über unsere Autoren und Bücher
www.dtv.de

Deutsche Erstausgabe 2016
dtv Verlagsgesellschaft mbH & Co. KG, München

Die Originalausgabe erschien 2014 unter dem Titel:
›La vita non è in ordine alfabetico‹
bei Giulio Einaudi editore, Turin.
Gesetzt aus der Sabon Roman und aus der Bauer Bodoni BT
Satz: Kösel Media GmbH, Krugzell
Druck und Bindung: Druckerei C.H.Beck, Nördlingen
Gedruckt auf säurefreiem, chlorfrei gebleichtem Papier
Printed in Germany · ISBN 978-3-423-28096-9

Am ersten Schultag hat der Lehrer eine Holzkiste aufs Pult gestellt. Dann hat er den Deckel abgenommen, hineingeschaut und alle Buchstaben des Alphabets nacheinander herausgeholt. Auch sie waren aus Holz und bunt, und jeder von ihnen sah anders aus. Wir sind aus unseren Bänken aufgestanden und nach vorn gegangen, mit angehaltenem Atem, wie Eisenspäne, die von einem Magneten angezogen werden. Kurz darauf standen wir alle um das Lehrerpult herum. Nachdem der Lehrer den letzten Buchstaben herausgenommen hatte – es war das G, das hat er zu den anderen auf die Resopalplatte gelegt –, sagte er, wir sollten ganz still sein. Dann erklärte er uns, dass das Alphabet aus einundzwanzig Buchstaben besteht. »Das klingt vielleicht nach wenig«, sagte er, »aber mit diesen Buchstaben müsst ihr von nun an alles machen. Mit einundzwanzig Buchstaben«, sagte er, und dabei nahm er sie in die Hände und hielt sie jedem von uns unter die Nase, »kann man die Welt erbauen und zerstören, kann man geboren werden und sterben, lieben, leiden, drohen, helfen, bitten, befehlen, flehen, trösten, lachen, fragen, sich rächen, streicheln.«*

* Jede Sprache benötigt unterschiedlich viele Buchstaben, um die Welt zu entschlüsseln – im Gegensatz zum deutschen Alphabet mit seinen sechsundzwanzig Buchstaben umfasst das italienische Alphabet einundzwanzig.

Liebe
Liebe
Amore

[a'mo:re]

Wer hätte gedacht, dass dir ausgerechnet in dem Augenblick, in diesem Zustand, der Hund deiner Tante in den Sinn kommt? Ausgerechnet im Kreißsaal, im Kittel, mit einer Haube auf dem Kopf und einer Maske vor dem Mund. Neben dir hechelte deine Frau auf Kommando und wollte unbedingt, dass du ihre Hand hältst und ihr sagst, dass alles gut gehen werde. Auch die Hebamme, den Kopf zwischen den Schenkeln deiner Frau – eigentlich wandte sie sich an die Stelle, an der alles passieren sollte, als müsste sie das Kind zum Herauskommen überreden –, bat dich, irgendetwas zu sagen. »Und dein Papa«, fragte sie, »ja, wo ist denn dein Papa geblieben, wir hören ja gar nichts von ihm? Ob ihn wohl die Marsmännchen entführt haben? Bestimmt hat's ihm die Sprache verschlagen«, flötete die Hebamme weiter zwischen die Beine deiner Frau, »oder ist er vielleicht ein bisschen schüchtern, der Papa?« Alle wollten, dass du etwas sagst oder tust, deine Frau schrie ihren Wehenschmerz heraus, und du hattest den Hund deiner Tante im Kopf, der zusammengerollt unterm Stuhl im Restaurant gelegen hatte.

Die Schwestern erkundigten sich, ob du nicht einen besseren Blick haben möchtest, ob du vielleicht lieber *nach*

vorn kommen wollest. Die Stimme seines Papas zu hören und vor allem, dich zu sehen, draußen, im hellen Licht, das könnte ihn doch verlocken, schneller aus dem Dunkel zu kommen, in dem er sich neun Monate lang verkrochen hatte. Aber du hast einen Arm geschwenkt und signalisiert, dass du lieber da bleiben wollest, wo du warst, neben deiner Frau, und sie hat dankbar deine Hand gedrückt. Doch deine Gedanken verharrten weiter – eigentlich auch ohne große Schuldgefühle – bei dem schwarzen Cockerspaniel, der den ganzen Abend lang mit geschlossenen Augen unter dem Stuhl deiner Tante gelegen und vor sich hin gedöst hatte. Ihr hattet draußen gesessen, irgendwo in den Bergen, die Tische standen etwas schräg, und sie hatte nur über den Hund gesprochen und über ihre Leidenschaft für Jagdhunde. Du hattest ihn betrachtet, wie er da unten schlief. Und mitten hinein in den Gedanken daran stieß deine Frau plötzlich einen Schrei aus und drückte dir ihre Fingernägel ins Handgelenk. Kurz darauf atmete sie wieder gleichmäßig.
»Komm, wir haben's fast geschafft!«, rief die Hebamme aufgeregt. Deine Frau schrie jetzt lauter, und du hast wieder an den Hund deiner Tante gedacht. Während sie dir von ihrer Leidenschaft für Jagdhunde erzählte, hattest du ihn betrachtet, diesen Etagen-Cocker, der auf neunzig Quadratmetern aufgewachsen war, Dosenfutter bekam und ein Gummihuhn zum Freund hatte. Dann war der Kellner gekommen und hatte gesagt, ihr solltet euch nicht erschrecken, da seien zwar Wildschweine hinter dem Jägerzaun, das sei aber nichts Ungewöhnliches – die Hebamme rief gerade: »Prima, du bist schon fast draußen!«,

und deine Frau drückte dir die Hand etwas heftiger – hier, in diesem Teil der Berge. Und dann – genau daran hast du in dem Moment im Kreißsaal gedacht – war der Hund unter dem Stuhl hervorgeschossen, mit einem Ruck, rein instinktgesteuert. Er war mitsamt der Leine um den Hals über den Zaun gesprungen und hatte wütend die Wildschweine angebellt, klein wie er war. Ihr hattet euch von euren Stühlen erhoben – aber da ertönte ein Weinen, das gleich wieder abbrach, und das war etwas Wunderschönes und Zartes, dein Sohn war geboren.

Banner
Flagge Fahne
Bandiera

[ban'di̯ɛ:ra]

Den Augenblick, als sie am Geländer befestigt wurde, habt ihr nicht miterlebt. Ihr saht sie einfach eines späten Nachmittags beim Nachhausekommen vom Balkon flattern. Der Wind schnappte nach ihr, riss sie mit und ließ sie dann hängen, je nach Lust und Laune. Die Fahne hörte ihn kommen, ging ganz weit auf für ihn, bot ihm einen Bauch dar, den er füllen konnte, und wenn er dann hindurchgefahren war, sackte sie in sich zusammen – völlig leer – bloß noch irgendein Stück Stoff. Am ersten Tag habt ihr sie eine Stunde lang beobachtet, habt gewartet, dass ein Windstoß kommt und dann noch einer und der Wind sie aufbläht und die drei Farben vor euch entfaltet. Jedes Mal habt ihr mitgezählt, wie viele Sekunden die Fahne sich oben auf dem Kamm des Geländers im Gleichgewicht halten konnte – eine, zwei, drei, fünf, fünfundzwanzig –, bevor sie in sich zusammenfiel und den Wind ziehen ließ.

Dann kam der Herbst. Wochenlang durchtränkte sie der Regen, und kaum hatte der Wind sie getrocknet, trommelte der Regen wieder auf sie ein. Hinter der Fahne, auf der anderen Seite der Fensterscheiben, saß mittags und abends eine Familie beim Essen, sonntags versammelten sich alle um den Tisch herum, samstagabends standen nur zwei Gedecke darauf. Der erste Winter war mild, dann kam der Frühling, und auf der anderen Seite der Fensterscheiben gingen Streitereien los. Ihr habt euch hinter den Gardinen versteckt, aus Angst, entdeckt zu werden, wenn der Vater aufgebracht auf den Balkon trat, um zu rauchen, und noch erboster wieder hineinging. Eines Sonntags saßen alle an dem Tisch, der Vater, die Mutter, die Tochter. Plötzlich stand der Vater auf, ging in die Küche und schmiss einen Teller mit Essen auf den Boden, und das Gebrüll – des Vaters – drang über die Straße bis zu euch nach Hause.

Die Frühsommersonne bleichte die Fahne ein bisschen aus. Eines späten Nachmittags beim Nachhausekommen habt ihr es bemerkt: Das Rot war einem Orange gewichen, das Grün schon mindestens halb verblichen. Auf der anderen Seite der Fensterscheiben stritten sie immer noch. Die Tochter ließ sich immer seltener blicken und keinesfalls zum Essen. Abends blieb der Vater oft bis spät allein am Tisch sitzen, und nach einer Weile setzte sich die Mutter nicht mehr zu ihm, um ihn zu überreden, ins Bett zu gehen. Dann kam der zweite Sommer und nahm der Fahne noch mehr Farbe. Der Sonnenschein im dritten und vierten Sommer und der Regen im Herbst und im Winter haben gemeinsam den Rest erledigt. Eines Sonntags saht ihr den Vater und die Mutter allein beim Mittagessen, ohne ein Wort miteinander zu wechseln. Aber draußen wehte ein bisschen Wind und brachte etwas Erleichterung. Und auf dem Balkon flatterte, beinah träge, eine weiße Fahne.

Finsternis
Dunkelheit Nacht

Buio

['buːi̯o]

Am Ende hast du wie üblich nachgegeben. Deine Tochter durfte eine Bratpfanne mitnehmen und unter ihr Bett stellen, für dringende nächtliche Bedürfnisse. Am Morgen – so ist die Absprache – würde sie sie sofort wegbringen und mit Spülmittel auswaschen. Ihr habt sie in der Besenkammer gefunden, zwischen Geschirr, das da seit Generationen stand. Vorher hattet ihr eine Viertelstunde lang Schlüssel durchprobiert: Jeder sah aus wie der richtige und passte dann doch nicht. Du hattest einen nach dem anderen wieder herausgezogen, mürrisch, mit geballter Faust, warst drauf und dran, die Tür einzuschlagen. Aber deine Tochter hielt dir sofort hastig das nächste Schlüsselbund hin – eins von den fünfen, auf die ihr in der alten Berghütte gestoßen wart –, bevor du einen Wutanfall bekommen oder aufgeben konntest. Sie überreichte es dir mit beiden Händen wie eine Opfergabe für den bockbeinigen Gott der Türen. Als die Tür endlich offen war, musstet ihr euch durch Spinnweben tasten, aber deine Tochter hatte eine solche Angst vor der Nacht – davor, im Dunkeln über den Flur laufen zu müssen, um ins Bad zu gelangen –, dass ihr die Spinnen fast wie ein Empfangskomitee vorkamen.

Jetzt steht die Pfanne unterm Bett, und deine Tochter hat sich wieder etwas beruhigt. Jedes Mal wenn du das Licht ausmachst, liegt sie ein paar Sekunden lang ganz still da, atmet aber schwer und hat bestimmt die Augen weit aufgerissen. Kurz darauf hörst du Laken und Decken rascheln, Sprungfedern knarzen, Fersen auf den Boden trommeln und schließlich Pipi prasseln, spürst ihre knisternd heiße Angst im Dunkeln. Dann von Neuem Fersengetrommel auf dem Fußboden, Sprungfedern, Schweigen, aufgerissene Augen und ein herber Geruch im Zimmer. »Papa.« Also machst du die Nachttischlampe wieder an, drehst dich knarzend zu ihr, sie dreht sich knarzend zu dir, sieht dich an und hat nasse Wangen. »Was ist denn?« Sie bricht in Gelächter aus, man sieht ihre wenigen, kreuz und quer im Mund verteilten Zähne. Sie erklärt dir, sie wollte nur mal sehen, ob du noch da bist. Du flüsterst zurück, dass du immer da bist und auch immer da sein wirst, im Hellen und im Dunkeln, in der Stadt und in den Bergen. »Ist gut«, sagt deine Tochter. »Kannst jetzt ruhig ausmachen.« Also machst du das Licht wieder aus, und sie liegt schweigend und schwer atmend da. Und dann geht alles wieder von vorn los, Lakengeraschel, Bettgeknarze, Fersengetrommel, Angstgeknister.

Also machst du wieder Licht und versprichst, ihr eine Geschichte zu erzählen. Aber erst müsstest du schnell noch ins Bad. Als du das sagst, fängt sie an zu weinen. Du darfst auch ihre Pfanne nehmen. Du sollst aber auf keinen Fall die Tür aufmachen, denn hinter der Tür sei nichts. Du machst sie trotzdem auf, willst ihr zeigen, dass das nicht stimmt – dass noch alles da ist, was vorher auch da war. Aber sie hat ja recht: Der Berg, der vorher vor dem Haus war, ist weg. Der Kirchturm ist weg. Du weißt – und sie weiß es auch –, dass du, wenn du einen Schritt machst, auch weg bist. Also sagst du, du musst gar nicht Pipi machen, und machst die Tür wieder zu. Deine Tochter lacht, dass man wieder ihre Zähne sieht. Du machst das Licht aus. Sie hört deine Fersen trommeln und danach das Bett knarzen. Und du fängst an zu erzählen, und deine Tochter schließt die Augen. In der Geschichte gibt es eine Zauberrutsche. Auf diese Rutsche klettern alle Kinder der Welt und rutschen die lange Bahn hinunter, und wenn sie unten angekommen sind, geht da eine Tür auf, und draußen scheint die Sonne, und vor dem Fenster steht ein riesiger Berg und unterm Bett eine Pfanne.

Konfession

Geständnis Beichte

Confessione

[konfes'si̯o:ne]

Du hast an die Scheibe geklopft, und die Dame dachte, du wollest ihr nachwinken. Deshalb hat sie sich zu dir umgedreht, während der Zug anfuhr, und hat mit leerem Blick das Kinn zu einer Art Abschiedsgruß gereckt. Du hast sie zu einer Treppe gehen sehen – da war sie schon nur noch ein kleiner ferner Fleck –, und dann ist sie unter der Erde verschwunden. Aber dein Klopfen an die Scheibe war gar kein Gruß gewesen: Du wolltest ihr eigentlich mitteilen, dass sie ihr Herz im Abteil vergessen hatte. Du hättest es ihr durchs Fenster reichen können, wenn sie nur kurz näher gekommen wäre, aber sie hatte bloß diese Bewegung mit dem Kinn gemacht und war davonmarschiert. Und so lag auf deinen Beinen immer noch dieses glühend heiße Etwas – das keine Ruhe gab, sondern auf deinen Schenkeln pulsierte –, und du hast mit zerknirschter Miene die anderen im Abteil angeblickt, einen gut gekleideten Herrn und eine junge Frau im Minirock mit einem kleinen Kind auf dem Arm und einer Narbe am Bein.

Der Dame hatte eine halbe Frage gereicht, um loszulegen. Du hattest nur wissen wollen, ob dein Rucksack sie störe, und sie hatte geantwortet, dass das gar kein Problem sei. Dann hatte sie dich angesehen, mit einem halben Lächeln,

in Erwartung der nächsten Frage: »Und bis wohin fahren Sie?« Kurz danach – du hättest wirklich nicht mehr sagen können, wie ihr so rasch an diesen Punkt gekommen seid, während die junge Frau mit dem kleinen Jungen spielte und der Herr sich in den Schlaf zurückzog – hatte sie ihr ganzes Leben vor dir ausgeschüttet. Der Gatte in nur drei Monaten an Bauchspeicheldrüsenkrebs gestorben, eine Schwägerin heroinsüchtig, ein Sohn nach London abgehauen und ein Blutdruck weit über dem Grenzwert. Sie schaute aus dem Fenster, während sie erzählte – du hättest aufstehen können, sie hätte es nicht bemerkt –, ihre Pupillen hüpften über die Landschaft, ein paar Tränen, die sie sich nicht mal mit dem Taschentuch abwischte.
Dann kam ihr Bahnhof – sie hatte schon Minuten vorher angefangen, sich zum Aussteigen zu rüsten –, und sie beendete ihren Erzählfluss so, wie man einen Wasserhahn zudreht. Sie stand auf, bahnte sich den Weg zwischen euren Füßen hindurch und stieg grußlos aus. Und plötzlich – kaum war sie weg – hast du zu deiner Bestürzung das lebendige Etwas bemerkt, das noch auf deinen Beinen lag. Du hast es in die Hand genommen, dieses unheimliche, von Gerinnseln verklumpte Herz, aber du konntest es kaum halten. Es pulsierte wie verrückt, wütend – weich, glitschig, glühend –, ein erschrecktes Tier, das deinem Griff zu entwischen versuchte. Also hast du es angewidert wieder auf deine Beine gelegt und ans Fenster geklopft, um die Dame auf dich aufmerksam zu machen. Aber die Dame reckte nur das Kinn und nahm die Treppe: Sie wollte es nicht mehr haben, ihr Herz, sie wollte es lieber los sein. Und danach hat euch alle der Tunnel verschluckt.

äußere Erscheinung

Borke Rinde

Corteccia

[kor'tettʃa]

Zuerst war die Angst. Da, auf der schöneren Seite des Hügels: wo die Bäume den Sommer im Zaum hielten und im Winter die Sonne in den Ästen hängen blieb. Dein Vater hatte dir gezeigt, dass man auf ihnen wie in einem Sattel sitzen und reiten kann. Er hatte dich hochgehoben und auf den untersten Ast gesetzt. Die Blätter waren plötzlich zum Greifen nahe. Du hattest sie angefasst, wie beim Händeschütteln: »Freut mich.« Im Nu war die Welt ganz groß geworden. Und dein Vater da unten ein kleines Etwas, das dich bat, vorsichtig zu sein. Bald darauf hatte er dich heruntergehoben und gehalten, bis deine Füße wieder den Boden berührten. Aber dann seid ihr um die Kurve gefahren, und da war gar nichts mehr. Nur Dutzende gefällter Baumstämme, eine riesige ebene Wiese, aus der Armstümpfe ragten. Du hast nach der Hand deines Vaters getastet und sie fest umschlossen. Die Worte machten, was sie immer machen, wenn du Angst hast: Sie verkriechen sich im Mund, suchen eine geschützte Stelle und kommen nicht mehr zum Vorschein.

Aber dein Vater sagte, du bräuchtest keine Angst zu haben, vor gar nichts. Der Mensch beschneide Bäume, damit sie noch stärker und größer werden als vorher, und später ritten andere Kinder auf ihnen Galopp, falls andere Väter Lust hätten, es ihnen beizubringen. Dann zeigte er dir die Späne zu Füßen der abgesägten Baumstämme. Er nahm ein paar davon in die Hand und ließ sie durch die Finger rieseln wie Sand am Strand, und sie bestäubten das Gras. Du hast es ihm nachgemacht, und die Späne fühlten sich kalt an, und du hast deinem Vater gesagt, dass du den Sand schön findest. Er hat ein sauberes Taschentuch hervorgezogen, und du hast eine Handvoll gelbes Baumpulver hineinfallen lassen. Er hat das Taschentuch sorgfältig zusammengefaltet und in die Hosentasche gesteckt. Aber du hast gesagt, du willst noch mehr, also hat er in seiner Jacke gekramt und eine Plastiktüte hervorgeholt, und es dauerte gar nicht lange, da war auch sie voll.

Dein Vater saß in der Hocke vor dem Baumstumpf, und du hast dich neben ihn gehockt, mit der Plastiktüte zwischen den Füßen. Er hat dir die Kreise gezeigt, die sich innen durch den Stumpf zogen: der kleinste in der Mitte und die anderen, immer größer werdend, um ihn herum. Am Schluss kam die Borke. Du hast die Kreise berührt, mit dem Finger nachgezeichnet. Dein Vater hat gesagt, das seien die Lebensphasen des Baumes, und sie würden immer weiter, einer nach dem anderen, so wie Kreise, die von da aus, wo ein Stein ins Wasser gefallen ist, das Weite suchen. Schließlich hat er gesagt: »So wie du auch«, und hat da auf dem Hügel eine Hand ganz weit nach oben gestreckt, als ob er etwas fallen lassen wollte. Und plötzlich warst es du selbst, was da aus der Hand deines Vaters fiel, sieben Jahre zuvor. Du warst endlich da, an einem frühen Freitagmorgen, auf die Welt geplumpst – du hast mit den Augen an ihm gehangen, da bei dem Baumstamm –, und dann war dieses Eintauchen gekommen und das Aufspritzen, und die Kreise hatten ringsumher das Weite gesucht.

Dominus

Beim Einsteigen in den 38er erschien dir jeder Schritt leichter als je zuvor. Du hast die beiden Stufen bewältigt, als hätte dich ein Windstoß hochgepustet, und der Fahrer hat dich, das könntest du schwören, mit einem verzauberten Blick angesehen, als du an ihm vorbeigingst. Eine junge Frau – eine sehr viel jüngere als du – auf einem der Vordersitze machte Anstalten aufzustehen, als sie dich kommen sah. Sie klappte das Buch auf ihren Knien zu, steckte es in den Rucksack und sagte: »Setzen Sie sich doch.« Aber du hast einen Arm gehoben, den Kopf zur Seite geneigt und ihr mit einem Lächeln bedeutet, sie solle bitte sitzen bleiben. Es stimmt – und ist ja auch nicht zu übersehen –, dass dir die Jahre auf den Fersen sind. Aber wenn sie wüsste, diese junge Frau, die beim Busfahren lernt, mit ihren Wunschbändchen, in denen all ihre noch nicht in Erfüllung gegangenen Wünsche stecken, wenn sie wüsste, was der Fahrer bei deinem Anblick vielleicht erahnt hat, dann würde sie dir nicht ihren Platz anbieten.

Vor nicht einmal vier Tagen hast du noch in einem Bett gelegen, und es war alles nur ein Gewirr aus Schläuchen, Tropf und Kontrolllämpchen und Kindern und Enkeln. Sie saßen an deinem Bett, hielten dir die Hand, die nur noch aus Haut und Knochen bestand, und sahen dich an, wie man jemanden ansieht, den man bald nicht mehr sehen kann. Als Letzter hat sich ein Priester zu dir gesetzt und dir zugeraunt, dein letztes Stündlein habe geschlagen. Er hat den rechten Daumen in ein Töpfchen gesteckt und dir damit ein Kreuz erst auf die Augen und die Ohrläppchen gezeichnet, danach auf die Nase und die Lippen und schließlich auf die Hände und die Füße. Dann hat er sich über dich gebeugt und gewispert: »Per istam sanctam unctionem … indulgeat tibi Dominus quidquid deliquisti. Amen.« Und ist aufgestanden und gegangen, hat dich da liegen lassen, schon jenseits der Lebensschwelle und mit deiner weinenden Familie, die auf der Bettkante saß und dich ergeben ansah.

Nur dass dein letztes Stündlein dann doch nicht schlug, wie der Priester behauptet hatte. Deine Blutwerte besserten sich unverhofft schnell, und Herz und Lungen taten es ihnen nach. Vier Tage später kam der Arzt zu dir und verkündete mit großer Geste, seinetwegen könnest du ruhig entlassen werden, ob er deine Kinder anrufen solle. Sie hatten zwar mitbekommen, dass du auf dem Wege der Besserung warst, aber dass gegen Gottes Urteil Widerspruch möglich ist, damit hatte keiner von ihnen gerechnet. Du hast dem Arzt gesagt, er solle niemanden anrufen, du wollest allein nach Hause fahren. Und so bist du aus dem Krankenhaus gegangen, und der Himmel draußen über der Stadt war grandios. Du bist spazieren gegangen, einfach so, mitsamt der Letzten Ölung, und sie hat dir die Flügel weit aufgespannt, und die Stadt war wunderschön an diesem Morgen, so von jenseits des Lebens aus betrachtet. Die breiten Straßen, die Bäume und diese junge Frau im 38er, die dir zuerst ihren Sitzplatz überlassen wollte und dann ihr Buch wieder herausnahm und weiterlernte.

Drachen
Drachen
Drago

['dra:go]

Auch jetzt, wo du schon groß bist, kannst du ohne deinen Drachen nicht einschlafen. Manchmal suchst du ihn stundenlang in der ganzen Wohnung, und wenn du ihn gefunden hast, ziehst du ihm die Ohren lang. Als du noch ein kleines Mädchen warst, hast du geweint, wenn du ihn nicht finden konntest. So laut, dass das ganze Haus aufwachte, und mit einem solchen Tränenstrom, dass dein Schlafanzug nass wurde. Deine Mama und dein Papa rückten keuchend Möbel hin und her, um ihn ja zu finden. Dann kamen sie in dein Zimmer gestürzt und übergaben ihn in deine flehenden Hände. Jetzt konnte das ganze Haus wieder schlafen, deine Eltern beruhigten sich auch, dein Schlafanzug und deine Augen wurden wieder trocken.

Und dann begann die Nacht. Deine Mama hat das Licht ausgeknipst, und dein Drachen und du, ihr habt euch Hand in Hand auf den Weg gemacht, hinein ins dunkelste aller Dunkel, das es gab. Es geschah immer nur nachts, wenn du die Augen zuhattest und dein Atem das Zimmer blähte, dass Himmel und Erde dich im Traum besuchen kamen. Deine Nächte waren immer aus Feuer und Koralle. Manches Mal hast du vor Angst schreien müssen, andere Male losgelacht, und dein Lachen war ein Funke, der im Dunkeln explodierte. Und mittendrin, zwischen Schlafen und Wachen, zog die ganze Weltgeschichte vorbei, die Wünsche und Erinnerungen vollführten akrobatische Kunststücke, und die Geister stiegen den Zeitstrang herauf und kamen in deinem Zimmer zum Vorschein.

Morgens bist du manchmal am anderen Ende des Bettes aufgewacht. Der Drachen lag immer erschöpft auf dem Fußboden. Beim Frühstück wollten deine Mama und dein Papa wissen, was du geträumt hattest, als wären Träume eine Quittung, die man vorlegen muss, wenn man den Schlaf verlässt. Aber du sagtest immer, du könntest dich nicht mehr erinnern, und im Grunde stimmte das auch. Als du noch nicht zur Schule gingst, hast du den Drachen betrachtet, der all deine Träume in sich hütete. Und noch heute siehst du ihn manchmal an, den armen Drachen mit dem von deinen Träumen schwangeren Bauch. Vielleicht kommen sie eines Tages auf die Welt, alle auf einmal, das gibt dann einen Riesenwind. Vielleicht erkennst du sie dann wieder und holst tief Luft, vielleicht deckst du dich aber auch einfach nur zu, damit dir die Kälte nicht ins Gesicht schneidet.

Auftritt Eintritt
Einreise Eingang

Entrata

[en'tra:ta]

Du bist nicht einfach geboren worden, du bist im Sturzflug zur Welt gekommen. Auf diese akrobatische Geburt bist du so stolz, dass deine Mutter dir jeden Abend davon erzählen soll. Und so sitzt deine Mutter Abend für Abend neben dir auf dem Bett, flüstert dir zu, und du kommst noch einmal auf die Welt. Im dunklen Zimmer geht sie, ganz ausgefüllt mit dir, den verschneiten Weg vom Auto zum Krankenhaus. Es ist kurz vor Weihnachten und kalt, sie trägt eine Latzhose, und die ist so groß, dass ihr beide Platz in derselben Stoffhülle habt. Neben ihr geht dein Vater, auch deine Onkel sind da, und alle sehen zu, wie sie sich langsam vorwärts bewegt, schon ziemlich breitbeinig und konzentriert darauf, dich noch ein bisschen länger halten zu können. Der Krankenhauseingang kommt immer näher, aber nie nahe genug, und dein Vater misst die Entfernung, indem er im Stillen ausrechnet, wie oft das Angstgefühl in seinem Bauch wohl in hundert Meter passt.

Wenn deine Mutter auf dem Bett neben dir sitzt und dir von deiner Geburt erzählt, unterbrichst du sie ständig, bremst sie, dehnst die Vorfreude, mit der du dich erwartest. Aber sie sagt, es sei keine Zeit mehr, sie könne nicht mehr. Sie macht noch ein paar Schritte auf dem winterlichen Weg, und dann spürt sie, dass alles ins Rutschen gekommen ist, ein Tor ist aufgeflogen, ein Körper saust durch den Himmel. Einen Augenblick lang sehen sie sich an, sie und dein Vater, wortlos, mit großen Augen, so groß, dass du gut hindurchpasst. Und nach diesem Augenblick, der immer zu kurz ist, hört man ein leises Weinen, eine zerberstende Stille, und aus dieser Stille kommst du und landest sicher in der Latzhose, die deine Mutter extra so groß gekauft hat, damit ihr beide hineinpasst. Sie spürt dich da unten in der Hose, sie lacht, und du lachst mit ihr in dem Zimmer, in dem du jeden Abend wieder zur Welt kommst.

Manchmal holt sie dich freitags vom Zirkusunterricht ab. Sie kündigt das nie vorher an, es ist immer eine Überraschung, du bemerkst sie erst am Ende der Stunde. Sie kommt in die Turnhalle, geht in eine Ecke und hockt sich auf den Boden. Manchmal hat sie die Kamera dabei und filmt dich die letzten paar Minuten beim Üben. Wenn ihr euch die Aufnahmen anseht, bist du immer in der Schwebe, ganz oben, weit weg vom Fußboden und von der Decke, du wirbelst über dem Netz durch die Luft. Es gibt einen Augenblick, er gehört zu dieser Übung, in dem du dich schlagartig fallen lässt, der Schwerkraft überlässt, auf den Boden zurast. Und in solchen Momenten hast du – wer dir von unten zusieht, hält den Atem an –, in solchen Momenten hast du in dem Video ganz friedvolle, zeitsatte Augen, bis das Netz dich mit einem Ruck einen Meter über dem Boden auffängt.

Ekstase

Ekstase

Estasi

['ɛstazi]

Du hast gesehen, wie deine Schwester sich auf den Boden warf und losheulte, wegen einer Jeans. Du hast gesehen, wie deine Eltern sie anstarrten und kein Wort über die Lippen brachten, und dann fing deine Mutter an, sie anzubrüllen. Du hast gesehen, wie dein Vater sich die Serviette schnappte, sich damit den Mund abwischte, sie neben den Teller legte und ging. Ihr habt die Schlafzimmertür knallen hören. Deine Schwester rollte sich auf dem Fußboden zusammen und erklärte, dass sie diese Jeans um jeden Preis haben wolle. Es nützte auch nichts, dass deine Mutter inzwischen das Brüllen eingestellt und sich neben sie gekniet hatte, um sie zu trösten. Es nützte nichts, deine Schwester rollte sich nur noch mehr zusammen, wie ein Fötus, als wäre sie gerade eben geboren worden, mit fünfzehn. Die Tränen liefen unter ihr zu einer durchsichtigen Lache zusammen, einen Augenblick lang hat sich ihr Gesicht darin gespiegelt. Du bist allein am Tisch sitzen geblieben, weil es bei euch zu Hause Pommes Frites so selten gibt.

Wenn sie dann nicht mehr ein kleines Mädchen, sondern wieder deine große Schwester ist, erzählt sie dir immer, was gerade los war. Also hat sie dir später an dem Abend,

als ihr im Bett miteinander geflüstert habt, erklärt, dass sie sich ohne diese Jeans nicht wohl fühlt, dass ihre Freundinnen sich verändert haben, seit sie die tragen. Jetzt interessieren sich die Jungs für sie, vorher hatten sie immer den Kopf weggedreht. Sie hat dir auch erklärt, und dabei ist sie auf die Matratze gesprungen und hat das Nachthemd hochgezogen, dass ihr Hintern ohne diese Jeans für immer und ewig ein Allerweltshintern bleiben und niemand je mit ihr ausgehen würde. Aber da brüllte deine Mutter aus dem anderen Zimmer herüber, es sei Schlafenszeit. Deine Schwester ließ sich aufs Bett plumpsen. Dann schob sie sich zwischen die Laken wie in einen Briefumschlag, zog sich die Zudecke bis über den Kopf und schickte sich ins Dunkel der Nacht.
Am Ende bekam deine Schwester die Jeans. Eines Abends zu Beginn des Frühlings hast du sie zusammengefaltet auf dem Stuhl liegen sehen. Du hast dich vergewissert, dass deine Eltern und deine Schwester vor dem Fernseher sitzen. Du hast gesagt, du wolltest in eurem Zimmer bleiben und spielen, und die Tür zugemacht. Dein Herz hat in wilden Trommelschlägen geklopft, als du die Jeans deiner Schwester vom Stuhl genommen hast. Du bist erst in das rechte Hosenbein geschlüpft – die Jeans war dir etwas zu groß, aber gar nicht so viel, wie du gedacht hattest – und dann in das linke. Beim Zuknöpfen hast du die Luft angehalten, wie du es bei ihr gesehen hattest. Und dann war sie zu, und du hast – das könntest du schwören – gespürt, dass sich da drin etwas tat. Dein Hintern nahm an Umfang zu. Sogar dein Schatten an der Wand wurde größer, wuchs empor wie eine lodernde Flamme. Dann hast du nichts

mehr gespürt. Und als du die Augen wieder aufschlugst, waren da deine Mutter, die versuchte, dich wiederzubeleben, und deine Schwester, die dir bleich bei deiner Rückkehr in die Welt zusah – in ihren Jeans.

Risse Einschnitte
Spalten Schlitze

Fessure

[fes'su:re]

Du wusstest vom Hörensagen, dass er ein paar Kilo zugelegt hatte, aber das hier – dachtest du, als er mit ausgestreckter Hand auf dich zukam –, das ist ja ungeheuerlich, was da mit ihm passiert ist. Er nannte sogar seinen Namen, als müsste er dir den Mann vorstellen, der er inzwischen – seit wann: fünf, acht, fünfzig Jahren? – geworden war. Danach zeigte er so etwas Ähnliches wie ein Lächeln: ein Fleischgebirge mit zwei Schlitzen anstelle der Augen und einem Mund, der aussah wie hineingeschnitten und seine Freude über die unerwartete Begegnung ausdrücken sollte. Du hast ihn angesehen und ihm auch die Hand hingestreckt, und einen Augenblick lang verschwand sie in den Fettwülsten der seinen. Du hofftest von ganzem Herzen, dass er nicht merkte, wie sehr es dir grauste bei seinem Anblick. Aber bestimmt hat sich dein Mund ein bisschen gekräuselt vor Entsetzen. Du hast ihn fixiert, wie man eine offene Wunde beäugt, und ihn dann gefragt: »Was ist denn mit dir passiert?«
Während du ihn so anstarrtest – ihr standet an einer Ecke, an der zwei Straßen sich trafen –, kam dir deine Mutter in den Sinn. Sie hatte abends am Esstisch immer gesagt, du habest sie nicht lieb genug – sie hatte wirklich gesagt: »Du

hast mich nicht lieb genug« –, und sie habe beschlossen, sich totzuessen. Dann hatte sie den Kopf tief über den Teller gehängt und sich alles in den Mund gestopft, was vor ihrer Nase stand: eine doppelte Portion Nudeln, eine doppelte Portion Fleisch, eine doppelte Portion Dessert und eine ganze Flasche Wein. Du warst dazu verdammt, ihr zuzusehen, wie sie sich totfraß. Jedes Kilo, das sie zulegte, Woche um Woche, war deine Schuld, an der sie doppelt zu kauen hatte. Du warst gezwungen mitanzusehen, wie sie sich mühsam durch die Wohnung schleppte. Nach dem Essen hast du immer abgeräumt, das Geschirr in die Spüle gestellt und Wasser drüberlaufen lassen.

Und plötzlich war da dieser Mann – dir fiel ein, dass ihr mal zusammen im Urlaub wart: Wie kann denn das *ein und derselbe Mensch* sein? – an einer Straßenecke und hielt dich an. Deine Frage: »Was ist denn mit dir passiert?«, beantwortete er nicht. Er stand einfach da, ohne ein Wort zu sagen, mit diesem Etwas, das wie ein missratenes Lächeln aussah. Er lief in seiner ganzen Ungeheuerlichkeit durch die Stadt, mit der Schuld der ganzen Welt im Bauch – »Ihr habt mich nicht lieb genug, und dafür werdet ihr von mir dazu verdammt, mich anzusehen« – und mit einem Körper, der über alle Ufer trat. Auch die Augen waren nur zwei Einschnitte, die das Gesicht ihm wegschlingen wollte. Von irgendwo hinter diesen Schlitzen aus sah er – wie lange noch? – die Welt. Und es wäre gar nicht viel dafür nötig gewesen, hast du gedacht, ein Keks vielleicht nur oder ein Brötchen, und das Gesicht hätte sich die Augen endgültig geschnappt und sie ihm geschlossen.

Leitung

Faden

Filo

['fi:lo]

Du hättest nie gedacht, dass ein gerissenes Armband dir einen solchen Schreck einjagen kann. Aber du standest wie versteinert unter der Dusche, als es passierte, während das Wasser weiter auf deinen Kopf prasselte. Du hast zugesehen, wie es sich von deinem Handgelenk löste und dir zwischen die Füße fiel, das Grün des Armbands zum Dunkelrot des Nagellacks. Und als ein Rinnsal aus Wasser und Schaum es einfing und mit sich ziehen wollte zum Punkt ohne Wiederkehr, dem Abfluss, bist du auf die Knie gegangen, um es festzuhalten. Du hast den Arm gereckt, aber das Armband war schon in den Strudel geraten und nach zwei Wasserkreiseln verschwunden. Du hast noch seinen letzten Schwanzschlag gesehen und dann auf den Knien in der Dusche erschrocken auf das schwarze Loch gestarrt, in dem alles, was du dir vor langer, langer Zeit gewünscht hattest, in einem raschen Sog geendet war.

Fünf Jahre war es her, seit dir jemand die Knoten in das Armband gemacht hatte. Damals warst du ein junges Mädchen, inzwischen bist du eine Frau mit zwei Kindern und einem Familienleben. Skeptisch, wie du immer erst mal bist, hattest du versucht, dich dagegen zu wehren, dir diesen aufdringlichen Typen durch einen raschen Kauf vom Hals zu halten. Aber er hatte sich nicht abwimmeln lassen und dir erklärt: »Jeder Knoten ist ein Wunsch, der irgendwann aufgeht«, und du hattest ihm seufzend dein Handgelenk überlassen. Auf seine Bitte hin hattest du die Augen geschlossen und bei jedem Wunsch, der Gestalt annahm, kurz genickt, und er hatte einen Knoten in das Bändchen gemacht. Du hattest gespürt, wie fest es war, es tat fast weh, war Strafe und Gebet zugleich. Und so hattest du, auf einem Markt mitten im Winter, mit geschlossenen Augen gespürt, wie deine Wünsche aufblühen, davonfliegen und sich in der ganzen Welt auf die Suche nach ihrer fehlenden zweiten Hälfte machen.

Die Jahre vergingen, und du dachtest nicht mehr an das Armband. Dazwischen lagen Liebhaber, Freunde, eine nur binnen zwei Monaten gestorbene Mutter, eine Ehe und zwei Kinder, die beide auf einmal kamen. Hin und wieder sprach dich jemand auf das ausgeblichene Armband an, das fast nur noch ein Faden war. Und jedes Mal sagtest du, dass es früher oder später endgültig reißen würde. Und eines Dienstagmorgens unter der Dusche ging es tatsächlich plötzlich ab. Ohne den kleinsten Ruck. Und dir fielen beim Hinterhersehen fast die Augen aus dem Kopf. Du hast dich hingekniet, bei laufendem Wasser, und – bestürzt – eine Art Stoßgebet gesprochen, dass deine Wünsche von damals – an die du dich gar nicht mehr erinnern konntest, die aber gerade in dem schwarzen Abflussloch verendeten – dieselben sein mögen wie die von heute und nicht eine Bombe, die gleich nach dem Duschen, wenn die Haare trocken waren und die Tür aufging, alles in die Luft jagen würde.

Murmeltier

Siebenschläfer

Ghiri

['giːri]

Der Sohn ist gekommen und hat alles umkrempeln wollen: das Haus, den Garten, die Bäume. Nicht einmal zwei Wochen waren vergangen seit dem Tod des Vaters, da sahst du ihn auf der Steigung stehen, sein Auto war stecken geblieben. Er stand da, der Motor war aus, und er schaute hoch, um zu sehen, wie weit es noch war. Ihr habt angehalten, und du hast ihm die Ketten aufgezogen. Er hatte sie gekauft, weil sie vorgeschrieben waren, aber nie gebraucht. In der Stadt werden die Straßen geräumt, und hier hochzukommen, um den Vater zu besuchen – dachtest du beim Blick auf seine Schuhe und den Foulard –, hier hoch zu kommen, bloß um den Vater zu besuchen, war die Mühe nicht wert. Lieber warten, bis er stirbt. Denn das Haus ist schön, und deshalb kommt er jetzt hoch und macht seinen Anspruch geltend, auch wenn er nicht mal imstande ist, eine verschneite Straße zu bewältigen.

Und so gab es hier keine zwei Wochen nach dem Tod des Vaters eine Baustelle. Ihr habt sie vom Fenster aus beobachtet: den Architekten, den Polier, zwei Arbeiter. Und den Sohn natürlich, wie er mit großer Geste auf das Haus und den baumbestandenen Hang davor deutete, stets die

Sonnenbrille auf der Nase und den Foulard um den Hals. Morgens kam außerdem immer ein Transporter hoch, den haben die beiden Arbeiter dann mit den Sachen des Vaters beladen. Sie gingen ins Haus und kamen Möbel schleppend wieder heraus, einer fasste vorne, der andere hinten an. Als auch noch ein Betonmischer kam, brach für euch die Hölle los: der Bohrer, der Presslufthammer und die Wände, die im Haus eingerissen wurden. Den Schutt haben sie mit einer Schubkarre herausgefahren – mit ihr hatte der Vater immer Kaminholz ins Haus geschafft – und auf der Wiese auf einen Haufen gekippt, der immer höher wurde.

Was die Bäume betraf, durftet ihr nichts sagen: Sie gehörten ihm, und er wollte einen freien Blick hinunter ins Tal. Also kamen auch noch Motorsägen und fingen an zu wüten, und ihr konntet die Bäume ins Gras sinken hören. Es krachte einmal kurz, und die Motorsäge schwieg für einen Moment. Die Stille dehnte sich unversehens aus, öffnete sich draußen wie ein durch die Luft schwebender Fallschirm. Nach dem letzten Kracher war nichts mehr vor dem Fenster: nur ein kahler Hang, Baumstümpfe, der Sohn und der Architekt. Sie haben ihre Augen mit den Händen beschirmt und das ganze Tal gemustert. Plötzlich fuhren sie herum, riefen sich etwas zu und zeigten dabei zum Dach. Dort waren vier Siebenschläfer zu sehen. Im Gänsemarsch torkelten sie den Sims entlang. Sie wirkten wie betrunken – ein herzzerreißender Anblick, wie der Letzte hinter den anderen her wankte –, aus dem Winterschlaf gerissen und vertrieben.

Danke

Danke

Grazie

['grattsie]

Du hast mehrmals angerufen, aber das Klingeln lief durch die ganze Wohnung, ohne dass sich jemand seiner angenommen hätte. Und jedes Mal sprang der Anrufbeantworter an. Anfangs hast du das übel genommen, du warst enttäuscht. Andererseits – es gibt ja auch nicht viele Wege, die das Klingeln nehmen kann: den Flur ganz entlang bis zum Schlafzimmer. Oder nach rechts, vorbei an der Küche und am Bad bis zum Sprechzimmer. Und nur wenn dort die Tür offen steht, kann sie es hören. Du kennst die Wohnung gut. Du hast dort fünf Jahre lang jeden Dienstagvormittag Platz genommen und bist fünf Jahre lang jeden Dienstagvormittag genau eine Stunde später wieder aufgestanden und, nach einem Händedruck zum Abschied, in den Fahrstuhl gestiegen. Im Fahrstuhl hast du dich jeden Dienstag wieder gesammelt und, sobald die Tür aufging, den Kopf gesenkt und drei Häuserblocks lang nicht mehr gehoben.

Jede halbe Stunde hast du die Nummer wieder gewählt, bevor du aufgegeben hast. Du hast den Klingelton gebeten, sich gefälligst gründlich umzutun und auch im Sprechzimmer bei der Frau Doktor nachzusehen, wo du jeden Dienstag der dort aufragenden Schmerzhalde einige Zentimeter hinzugefügt hast. Dort hast du immer Platz genommen – auf vier verschiedenen Stühlen in den fünf Jahren – und die Körperform oder -temperatur desjenigen, der vorher dort gesessen hatte, mit den Schenkeln zu erspüren versucht. Einmal bist du beim Hinausgehen in ein Paar gelaufen, das vor der Tür stand. Aber die Frau Doktor wollte immer, dass du dich nicht um anderer Leute Schmerzen kümmerst, sondern deinen eigenen Schmerz hervorholst. Also klapptest du die Tasche auf, zogst ihn heraus und hieltest ihn ihr hin. Eine ganze Stunde lang führtest du ihn ihr vor. Sie schüttelte dann den Kopf, und du packtest alles, was nicht gebraucht worden war, wieder in die Tasche und gingst.

Beim vierten Anruf hast du beschlossen, etwas zu sagen. Du hast ihre Stimme gehört: »Wir sind im Moment nicht zu Hause.« Danach der Piepton. Du hast dich geräuspert: »Frau Doktor, wir haben ja lange nichts voneinander gehört. Es ist auch gar nichts, ich wollte Ihnen nur sagen, dass ich, also doch, ja, dass es mir ein bisschen gut geht. Also, ich weiß nicht, ob richtig gut, aber es geht ganz gut so, denke ich. Doch, ich denke schon, es geht ganz gut. Das war's, sonst wollte ich eigentlich nichts. Nur sagen, Sie hatten recht, wissen Sie, die Welt ist wirklich nicht so, wie ich sie mir zurechtgelegt hatte. Und ich wollte einfach Danke sagen, auch wenn das vielleicht nicht üblich ist.« Dann hast du aufgelegt, den Kopf gehoben und einen Seufzer ausgestoßen, der wie eine Brandung klang. Schließlich ist ja heute Dienstag, und der Wind treibt die Wolken vor sich her.

Habitat

So viel anders als damals ist es doch eigentlich nicht: Du bist verliebt, du möchtest ihn am liebsten sofort sehen, musst aber bis morgen warten. Das heißt, so lange fühlst du dich – genau wie damals – gleichzeitig ganz frei und ganz wenig frei: Du wirst den Tag damit herumbringen, die Minuten- und Sekundenzeiger mit Spray auf Hochglanz zu polieren, und dann unvermittelt draufhauen, in einem Anfall von Jähzorn, zur Strafe und um sie vorzurücken. Und dir wird – genau wie damals – der Gedanke kommen, dass Draufhauen nichts nützt, weil die Zeit sich nach ihren eigenen Schlägen bewegt und Schläge von dir gar nichts bringen. Manchmal bohrt sie danach sogar trotzig die Krallen in den Boden und knurrt und rührt sich um keinen Preis. Also wirst du den Lappen auf den Fußboden schleudern und dich ans Telefon hängen. Nur – fragst du dich an diesem halb sonnigen Sonntagmorgen –, wieso erscheint dir plötzlich alles nicht nur anders, sondern als das genaue Gegenteil? Wieso hattest du es damals aufregend gefunden, denjenigen, in den du verliebt warst, mit einem Geheimnis zu umgeben, und heute nicht mehr? Für deinen ersten Freund – du warst gerade fünfzehn geworden – hattest du einen Ort erschaffen, an dem die Anwesenheit anderer nicht vorgesehen war. Niemand durfte das Geringste über ihn erfahren. Du hattest gelesen, dass der einzige Ort, an dem ein Lebewesen überleben kann, Habitat heißt. Sein Habitat – das du für ihn geschaffen hattest – war das Geheimnis. Wenn du mit deinen Eltern zusammen warst, hattest du immer eine genaue Vorstellung, wo er war: Du dachtest ihn dir in dieser durchsichtigen Blase, in die du ihn gesteckt hattest. Hättest du nur seinen Namen ausgesprochen oder ihn gar hervorgeholt, er wäre gestorben und mit ihm eure Liebe. So konntest du bei der erstbesten Gelegenheit immer zu ihm. Du hast die Wohnung unter einem Vorwand verlassen und die Treppe schon im Laufschritt genommen. Bald standest du keuchend vor der durchsichtigen Blase, seinem Habitat, du schobst den Schlüssel ins Schloss, drehtest ihn, und die Tür zum Geheimnis tat sich auf. Du zogst sie hinter dir zu, und es gab nur noch euch zwei – eure Küsse, eure Worte, eure Zärtlichkeiten –, ihr zwei wart wie ein Rebstock, der um einen Baum herum wächst und sich ineinander schlingt.

Was ist denn jetzt anders als damals?, fragst du dich an diesem frühen Sonntagmorgen im März, während du die Minutenzeiger polierst. Jene Blase war eine Welt, die nur euch gehörte: Du hast die Tür zum Geheimnis aufgemacht, einen Fuß hineingesetzt, und kaum hattest du sie hinter dir zugezogen, wart ihr für niemand anderen mehr da gewesen. Abends bist du dann wieder nach Hause gegangen, und die Lügen, die du deinen Angehörigen aufgetischt hast, bereiteten dir eine subtile Freude, so wie eine erneuerte gegenseitige Liebeserklärung, eine Bekräftigung der Einzigartigkeit eurer Liebe. Wieso nur magst du diese Blase zwanzig Jahre später nicht mehr, auch wenn dir sonst alles gleich erscheint? Und während du das überlegst – während du überlegst, dass du ihn gern anrufen würdest, dass er aber nicht abnehmen würde, oder noch schlimmer, dass seine Frau abnehmen würde –, schaust du nach draußen und hast das Gefühl, in einer von diesen durchsichtigen Überraschungskugeln eingesperrt zu sein, die du dir als kleines Mädchen so gewünscht hattest. Du hättest gern, dass jemand – genau jetzt – eine Münze einwirft und den Hebel dreht. Und danach die kleine Kugel nimmt, aufbricht und dich herausholt.

Qual Peinlichkeit
Verlegenheit
Imbarazzo

[imba'rattso]

Ihr seid immer mal wieder auf deinen Sturz zu sprechen gekommen, wenn ihr sonntagmorgens euren jeweiligen Kindern dabei zusaht, wie sie auf der Schaukel hoch- und runtersausten. Aber du hast die Angelegenheit jedes Mal mit ein paar kurzen Sätzen abgehakt: dazu ein Seufzer, ein Wedeln mit der Hand, das die Erinnerung verscheucht und unter vergangene Dummheiten einsortiert, und schließlich ein Hauch Melancholie, bevor ein anderes Thema dran war. Im Sommer, wenn die Beine wieder zum Vorschein kommen durften, fiel ab und zu ein Kommentar über die weiße Narbenlinie. Aber eher beiläufig, nur bezogen auf das Muster, eine weiße Arabeske auf sonnenbraunem Gold. Irgendwann kamen eure Kinder wieder zu euch – manchmal froh, nach Hause zu dürfen, andere Male bockig, widerspenstig, verzweifelt –, ihr habt sie in ihre Karren gesetzt und angeschnallt, damit sie nicht wieder hinaushüpfen und auf die Wiese laufen. Dann habt ihr sie die Allee entlanggeschoben, und dabei über alles Mögliche geredet. Eure Gesten waren die gleichen, aber Mutter geworden war jede auf ihre Art.

Jahrelang – bevor die Kinder da waren – war von deinem Beinbruch keine Rede mehr gewesen. Ihr hattet euch überhaupt aus den Augen verloren; wenn ihr euch zufällig über den Weg gelaufen seid, war euch das peinlich, ihr habt nicht länger als unbedingt nötig zusammengestanden und jede Sekunde einzeln gezählt. Und am Ende des Countdowns gabt ihr euch ein Küsschen – endlich durftet ihr euch voneinander verabschieden –, und sie fasste alles mit dem Satz zusammen: »Trotzdem, du siehst gut aus.« Du selbst hattest das, was du »den Sturz« nanntest, zeitweise sogar völlig vergessen. Dass er dir dann doch wieder einfiel, dafür sorgten der Luftdruck mit seinen Launen und das Bein, das anfing wehzutun. Aber besonders wichtig genommen hast du es eigentlich nicht, du bist eben darüber hinweggehumpelt, und ja, doch, stimmt, du hast an deine Freundin gedacht, hast überlegt, sie anzurufen. Aber getan hast du es dann doch nicht, du hast gewartet, dass das Wetter sich bessert und du alles wieder vergessen kannst.

An jenem Nachmittag vor vielen Jahren hattet ihr noch keine Ahnung, was einmal sein würde. Ihr konntet ja nicht wissen, dass ihr euch Jahre später jeden Sonntagmorgen im Park treffen und euch sogar – ein Mal, mit gespielter Überzeugung – erzählen solltet, ihr seiet glücklich, ja doch, klar. Ihr konntet nicht wissen, dass ihr einst lachen solltet über diesen Nachmittag, an dem sie mit dem Fahrrad zu euch nach Hause gekommen war – ihr beide wart gerade fünfzehn –, den Kopf hochgerissen und dich auf dem Fenstersims stehen sehen hatte. Auf eine Sache allerdings solltet ihr nie mehr zu sprechen kommen – darauf nicht, das würdet ihr nie schaffen, auch Jahre später nicht, auch nicht, als die Kinder schon größer waren –, ihr würdet nie zu sprechen kommen auf deine Handbewegung, als du sie von oben bemerkt hattest. Du hattest – nur mit einem gelben Hemdchen bekleidet – einen Finger auf die Lippen gelegt, und diese Geste war die Bitte, um eurer Freundschaft willen das Geheimnis über das zu bewahren, was sie vielleicht gerade eben hatte erahnen können, bevor sie dich springen sah.

Kindheit Kindheit

Infanzia

[in'fantsi̯a]

Es war klar, früher oder später würde der kleine Junge mit der Brille und den roten Shorts den Ball über das Spielfeld hinaus schießen. Es war klar, weil er den Ball immer so drosch, als hätte sein Fuß noch eine Rechnung mit ihm offen, und ohne sich allzu sehr um Schussrichtung, Gegenspieler und Ergebnis zu scheren. Jedes Mal, wenn er losstürmte, hast du dich kurz aus dem Gespräch ausgeklinkt. Du hattest das Gefühl, in dir steigt jemand auf eine kleine Leiter – genau dort, hinter dem Brustbein –, von wo aus das Spiel deutlich besser zu sehen war. Du hast ihn einfach hochklettern lassen und seinen plumpen Tapsern auf den Sprossen nachgehorcht wie den Schlägen eines zusätzlichen Herzens. In der Hoffnung, dass sie nicht zu hören seien für die Dame neben dir, mit der du, in Anzug und Krawatte, gerade ein Gespräch über Immobilien, Steuern und Spekulationen führtest. Sobald das Spiel kurz unterbrochen wurde, nahmst du wieder die Füße wahr, diesmal die inneren Sprossen hinunter, danach einen Stoßseufzer und schließlich Stille. Und dann hast du weitergeredet: zwanzig Jahre Berufserfahrung, nur um einer Freundin einen Rat geben zu können.

Als der Ausgleichstreffer fiel, wusstest du, jetzt war es so weit, es hielt dich nicht mehr auf der Bank. In dir brach eine wahre Hölle los: Das Gespräch war nur noch eine Serie von Hustenanfällen und Füllwörtern, um Zeit zu schinden. Ein einziges Rauf und Runter auf der kleinen Leiter, und dann trappelten die Füße – dein Zusatzherz – nach rechts und links, immer hinter dem Ball auf dem Spielfeld her. Ab und zu hörtest du so etwas wie leises Fluchen unter den Rippen und klopftest dir auf die Brust, um es zum Schweigen zu bringen. Also hast du der Dame vorgeschlagen, ein bisschen spazieren zu gehen, Ideen – hast du ihr erklärt – kommen nämlich nur in Bewegung, wenn man sich selbst bewegt. Ideen rennen hinter einem her, aus lauter Angst, abgehängt zu werden. Ihr habt also einen Spaziergang auf der Asphaltbahn neben dem Spielfeld gemacht, und die Dame hat zerknirscht ihre Probleme vor dir ausgebreitet, eine Erbschaft und Geschwisterkriege, ein ganzes Minenfeld aus Strafstößen und Strafraumfouls.

Dann hat der kleine Junge mit der Brille und den roten Shorts wieder mit voller Wucht den Ball getreten, und du hast den Schuss hoch und weit über das Tor gehen sehen. Es war klar, dass das passieren musste: Mit solchen Schüssen spielt man nicht Fußball. Du sahst, wie der Ball in eure Richtung geflogen kam. Wie er einmal auf dem Boden aufprallte, dann noch einmal und danach einige Male weniger heftig, aber immer näher bei euch. Die Dame bekam davon überhaupt nichts mit – sie wiederholte nur andauernd: »Sag du mir, was ich machen soll« –, aber in dir breitete sich eine erwartungsvolle Stille aus. Unter dem Brustbein rührte sich niemand mehr. Genau in dem

Augenblick, als der Ball auf euch zukam, hast du gewusst, dass er nicht mehr aufzuhalten war. Und so trat nach zwanzig Jahren Ausbildung, Eingesperrtsein und Selbstbeherrschung der kleine Junge in dir mit einem Aufschrei die Tür ein. Die Dame blieb stehen. Und du und er, ihr habt euch gemeinsam mit einem Satz auf den Ball gestürzt, und gemeinsam habt ihr ihn mit voller Wucht weggedroschen und anschließend die Arme hoch gen Himmel gerissen.

Reinigung Wäsche

Lavaggi

[la'vaddʒi]

Der Anblick des kleinen Flecks auf dem Kopfkissen hat dich so niedergeschmettert, dass du die Augen schließen musstest. Aber als du sie wieder aufschlugst, war der Fleck noch an derselben Stelle, ungefähr in Höhe des Ohrs. Also bist du aus dem Bett gesprungen und hast wutentbrannt, ohne auch nur einen Morgenrock überzustreifen – ohne BH, einfach im Schlüpfer –, das Kissen abgezogen und den Bezug an die Wand geknallt. Danach hast du das restliche Bett abgezogen und alles zusammen mit derselben Wut in die Waschmaschine gestopft. Ganz egal, dass es sonst nichts zu waschen gab: Du hast die Tür zugedrückt, auf Buntwäsche gestellt – obwohl das Bettzeug weiß war, bunt war nur der winzige rote Fleck –, dich davorgesetzt und zugeguckt, wie alles in Seifenlauge ersoff. Du hattest gehofft, dass du nach dem Begräbnis endlich nicht mehr von ihm träumen müsstest, aber es ist wieder passiert.

Als du ein kleines Mädchen warst, war auch etwas passiert: Aus heiterem Himmel, ohne Vorwarnung, ohne irgendeinen einsichtigen Grund hatte dein Vater das Haus verwüstet. Angefangen hatte es mit einem plötzlichen Geräusch, einem Knall, irgendetwas war zerbrochen.

Vielleicht war ein Teller an die Wand geschmettert worden oder eine Vase zertreten oder deine Geburtstagstorte aus dem Kühlschrank gerissen und auf den Fußboden geworfen – an jenem Tag kam deine Mutter in die Küche gelaufen, versuchte vergeblich, Erdbeeren und Schlagsahne aus den Scherben zu klauben, und warf schließlich alles zusammen in den Mülleimer. Du standest in der Ecke – erst mit vier Jahren, dann sieben, dann sechzehn, dann zwanzig – und hofftest inständig, einfach zu verschwinden, vom Wandverputz absorbiert zu werden, du warst nicht mal imstande, dich nach dem Warum zu fragen. Dein Vater hat sich hinterher stundenlang im Schlafzimmer verbarrikadiert, und ihr durftet nur auf Zehenspitzen durch die Wohnung schleichen, gegessen wurde wortlos, denn alle waren schuld – du selbst zuallererst –, dass dein Geburtstag für ihn ruiniert war.

Dann bist du ausgezogen, und er fing an, sich in deinen Träumen zu rächen. Die Tage konntest du in Freiheit verbringen – am Arbeitsplatz, mit Freunden, deinem Liebhaber –, aber abends im Bett brauchtest du nur die Augen zuzumachen, und da war er. Und legte acht Stunden lang alles, was er fand, in Trümmer: Geschirr, Lampen, Fenster, andere Torten von anderen Geburtstagen. Du lagst schlafend in einer Ecke des Bettes – anscheinend nur ein regungsloser Körper –, aber beim Aufwachen war ein Blutstropfen auf dem Kopfkissen. Du hattest das Klirren von berstendem Glas noch den ganzen Tag lang im Kopf. Aber mit seinem Tod würde er hoffentlich – dachtest du, als die Erde ihn verschluckte – auch aus deinen Träumen verschwinden. Das willst du auch jetzt denken – vielleicht braucht es nur ein bisschen Geduld –, während der Schaum den roten Fleck mitsamt der Bettwäsche vertilgt und du vor dem Bullauge auf dem Boden sitzt und ihr beim Herumkreisen zuschaust.

Libeccio
Wüstenwind
Libeccio

[li'bettʃo]

Es reichte, dass ein Blatt in den Bach fiel und das Wasser es nahm und forttrug. Es reichte, dass es ein paar Meter weiter talwärts hinter einer Windung verschwand, und schon wolltest du das nächste. »Noch mal!«, hast du gerufen und zu den Ästen hochgeschaut. Du hast noch mal »Noch mal!« gerufen, als ob ein Baum einem wirklich ein Blatt überlässt, wenn man es hartnäckig einfordert. Deine Mutter sagte, das sei aber nicht die richtige Art, um etwas zu bitten. »Das ist nämlich ein Baum«, sagte dein Vater und breitete die Decke auf der Wiese aus, »und nicht etwa deine Oma, die macht, was du willst.« Deine Mutter schlug vor abzuwarten, bis der Wind wieder eins abriss, das sei die einzige Lösung. Kurz darauf passierte es, und du schriest auf: »Ich hab's gesehen!«, als wäre es eine Sternschnuppe. Und das Blatt sank herab, mit deinen Wünschen huckepack, schmiegte sich aufs Wasser und glitt davon.

»Das ist der Libeccio«, hat dein Vater erläutert. »Er kommt aus der Wüste im Süden bis ganz zu uns hoch.« Dann hob er ein Blatt auf, das auf die Wiese gefallen war – deine Mutter nahm unterdessen drei Brötchen, ein Bier und eine Dose Orangenlimonade aus der Tasche –, beugte sich hinunter zum Bach, den Arm ausgestreckt, und ließ das Blatt fallen. »Das ist ein prima Schiff, schau mal, wie es losflitzt, ganz furchtlos.« Da hast du gesagt, du willst auch ein Boot und losfahren. Deine Mutter sagte, du solltest doch erst mal was essen. Aber es klang nicht sehr nachdrücklich, es war ja auch tatsächlich eine unnütze Bitte, und sie hat sie nicht wiederholt. Du bist aufgestanden und hast die Wiese abgesucht, aber die Boote waren alle viel zu klein – dein Vater fand, da passe keine Crew drauf –, währenddessen riss der Wüstenwind auch hin und wieder noch eins ab und nahm es mit sich. Dann endlich hast du eins entdeckt, und das war so groß wie eine gegen den Himmel gehaltene Handfläche.

»Das bin ich«, hast du gesagt und ein Stückchen Brot auf das Blatt gelegt. Du hast deine Mutter gefragt, ob sie mit dir mitfahren wolle, und da gab es einen Augenblick der Verlegenheit – deine Mutter ist rot geworden, hat eine Hand an ihre Wange gelegt und nicht zu deinem Vater gesehen. Aus der Wüste kam ein Windstoß, er riss wieder ein Blatt ab und geleitete es ins Wasser. Es glitt den Bach hinab und verschwand hinter einer Windung. Du hast eins der Blätter genommen, die dein Vater aufgesammelt hatte, und deiner Mutter gegeben. »Hier«, hast du gesagt. Du hast ein Stück Brot draufgelegt – »Das bist du« –, und sie hat es mit der Fingerspitze zurechtgerückt. Du bist zum Bach gegangen, und sie hat dir geholfen, dein Boot zu Wasser zu lassen. Ihr habt zugesehen, wie der Anker gelichtet wurde. »Kommst du denn jetzt mit?«, hast du gefragt. Und deine Mutter hat hastig das Brot von ihrem Blatt genommen, in den Mund gesteckt und angefangen zu kauen. »Ich«, hat sie leise gesagt, »ich schaff's nicht.«

Maske Maske Maschera

['maskera]

Zuallererst hat er euch gezeigt, wie man in die Maske hinein- und wieder aus ihr herausschlüpft. Ihr wart alle um ihn herum versammelt. Ihr saht ihn an, und dann ging er mit bloßen Füßen über die Bühne, ihr konntet die Bretter unter seinen Fersen knarren hören. Dann bat er euch, ganz still zu sein und an nichts anderes zu denken als an das, was gleich passieren sollte. Er sagte das mit großem Ernst – sogar mit einem Hauch Furcht, schien dir – und schloss die Augen, um sich zu konzentrieren. Die junge Frau neben dir flüsterte: »Macht einem richtig Angst«, und du dachtest genau dasselbe, hast es aber nicht ausgesprochen. Der Meister hat die Augen wieder geöffnet und gesagt: »Lasst uns anfangen«, und alle – jedenfalls kam es dir so vor – hielten den Atem an. Dann machte er eine Handbewegung, als öffnete er eine Tür, tat einen Schritt über die Schwelle und zog die Tür hinter sich zu. Als die Tür zuging, sah euch der Meister an, und ihr hättet aufschreien mögen, denn in diesem Blick war nicht mehr er.

Er kehrte wieder zu euch zurück, begleitet von dem Stoßseufzer, der euch allen gleichzeitig entfuhr. Er hatte die Gesten wiederholt, Tür auf, ein Schritt vorwärts, Tür zu, und danach war sein Gesicht wieder seins. Über der

Bühne hing nur noch der saure Geruch von Angstschweiß, und die junge Frau neben dir sagte, ihr sei vielleicht doch nicht nach Weitermachen. In den folgenden Tagen wart ihr an der Reihe, ihr solltet versuchen, die Tür aufzumachen, hindurchzugehen und wieder herauszukommen, zusammen mit den anderen. Aber ihr wusstet genau, das brauchte viel Übung, das hatte der Meister euch von Anfang an gesagt. Der Erste, dem es gelang, war ein Herr, dessen Haare und Bart schon weiß waren. Ihr habt ihn hinter der Schwelle verschwinden sehen und wart alle mächtig neidisch gewesen, wie er da so heiter auf der Bühne herumspazierte, mit bloßen Füßen und den Augen von jemand anderem. Und als er dann wieder herauskam, Tür auf und Tür zu, erzählte er, da drüben gehe es einem richtig gut, und er sah aus, als ob er gleich wieder zurückwollte.

Der Meister hat euch einzeln angeleitet, ihr solltet aber genau aufpassen und es nur versuchen, wenn ihr euch wirklich bereit dazu fühltet. »Hinein kommt man leicht«, sagte er, »das Herauskommen ist der schwierige Teil. Man muss spüren, dass der Ruf des Lebens stärker ist.« Als du endlich so weit warst, nach vielen missglückten Versuchen – beim vierten warst du sogar in Tränen ausgebrochen –, hast du es geschafft. Du hast die Tür erkennbar aufgebracht geöffnet – der Meister machte dir von hinten Mut – und danach wieder geschlossen. Und schlagartig, ja wirklich, schlagartig schien ein unglaublicher Frieden zu herrschen, schien auf einmal alles ganz zu sein. Und dir war egal, dass draußen alle bald unruhig werden würden – nein, du hast den Ruf nicht vernommen –, dass der Meister ein erschrockenes Gesicht machen würde, dass sie dich wegtragen würden. Du hast sogar die Hand geöffnet, aber so, dass niemand es sehen konnte, und den Schlüssel fallen lassen.

Morgen
Morgen

Mattina

[mat'ti:na]

Am besten am Erwachsensein gefällt dir der Morgen. Nie wieder jähes Aufwachen, eine Viertelstunde nach dem Weckerklingeln, nie wieder nur halb fertige französische Hausaufgaben, nie wieder Vokabelnlernen an der Haltestelle. Nie wieder Träume von Lehrern, die mit Zeugnissen wedeln. Vor allem nie wieder dieses Gefühl, nicht gut genug zu sein, das dir den ganzen Tag lang nachhängt und nur mit einem Seufzer am Ende der Stunde kurz verschwindet. Der Morgen eines Erwachsenen dagegen ist ein Leben voll frischer Luft. Ist ein sich ganz allmählich öffnender Tag, deine Frau läuft barfuß durch die Wohnung und will Kleiderfragen beantwortet haben, dein Sohn sitzt neben dir am Frühstückstisch. Er hängt wortlos über seinem Glas Milch. Sucht mit grimmigem Blick darin nach Kraft, um den Tag und das Abgefragtwerden einen Kilometer von zu Hause entfernt zu überstehen.

Manchmal bringst du ihn zur Schule und fährst von dort aus ins Büro. Im Auto versuchst du ihm klarzumachen, dass das Erwachsenenalter dieses Gefühl des Unbehagens hinwegfegen wird, dass man beim Heranwachsen noch viele Fragen hat, die sich dann aber plötzlich klären. »Beim Vergehen der Zeit«, erklärst du, mit vier zuckenden Blinklichtern vor dem Schultor, »beim Vergehen der Zeit leert sich die Sanduhr der Dinge, die man nicht braucht, sie rieseln nach unten und sammeln sich eins nach dem anderen auf dem Scheiterhaufen der Vergangenheit an. So relativiert sich das Vergangene, und Gewicht bekommen die Dinge, die wirklich wichtig sind im Leben, und das sind nicht Hausaufgaben, nicht zu Hause vergessene Hefte oder die Ausnahmen bei irgendwelchen Grammatikregeln.« Wenn du so auf deinen Sohn einredest, starrt er ausdruckslos durch die Windschutzscheibe, wartet, bis du fertig bist mit deinem Sermon, und steigt aus.

Und dann – im Erwachsenenalter – reicht ein Deutschkurs, einfach so zum Vergnügen, und die Sanduhr kippt um, und alles geht von vorne los. Die ersten Stunden haben dir noch Spaß gemacht, ein Heft aussuchen, wieder die Schulbank drücken, grau melierte Klassenkameraden und Lehrer, die an der Tafel stehen. Aber dann kam wieder diese Art des Aufwachens: die Hausaufgaben noch nicht fertig, beim Sockenanziehen das Verb »fragen« konjugieren, Frühstück – dein Sohn starrt in seine Milch, du in deinen Kaffee – und Autofahrt, aber wortlos. Und wenn die Deutschlehrerin durch die Bankreihen geht, schwupp, steigt aus dem Scheiterhaufen der Vergangenheit ein Stimmchen auf, klettert immer höher, ist einfach wieder da, mitten im Erwachsenenalter, und fleht: »Bitte, bitte, nicht mich drannehmen.«

Nostalgie
Sehnsucht Heimweh

Nostalgia

[nostal'dʒiːa]

Es kostete einige Mühe, ihn ins Auto zu kriegen, und er hat während der ganzen Fahrt gewinselt, den Sitz mit seinen Krallen zerkratzt und ein Stück Decke gefressen. Du musstest sogar am Straßenrand halten, die Warnblinker einschalten und ihn anflehen, sich zu beruhigen: »Yuri, bitte.« Aber es war nichts zu machen, und bei den letzten Kurven vor dem Tierheim zog er dermaßen heftig an der Leine und fing an zu japsen, dass du Angst bekamst, er könnte sich strangulieren. Also hast du noch einmal angehalten, ihn umarmt und ihm den Bauch gekitzelt: »Was ist denn los?« Wahrscheinlich bekam er wegen seiner Krankheit keine Luft. Vielleicht war es einfach nur zu warm, im Auto wurde es immer drückender. Dann wart ihr da, du hast vor dem Tierheim geparkt und ihm die Tür aufgehalten. Er kam nur mühsam heraus. Und gleich hinter ihm die Hitze, wie ein Wurf junger Hunde.

»Hauptsache«, hast du dem Verwalter gesagt, »der Hund ist absolut identisch, den Fleck eingeschlossen.« »Keine Sorge«, antwortete er, »den finden wir schon.« Der junge Mann, ein langer Kerl mit wenig Haar in Jeanslatzhose, nahm dich in eine Baracke mit, die als Büro diente: ein Schreibtisch und zwei Stühle. Er deutete auf einen davon, da solltest du dich hinsetzen. Yuri kam mit einem Stein in der Schnauze herein und ließ ihn dir auf den Fuß fallen. Dann ging er in eine Ecke des Büros und sackte in sich zusammen, unter einer schief aufgehängten Europakarte. »Bis wann?«, wollte der junge Mann wissen. »Na ja, er leidet so sehr«, hast du geflüstert und dich zu Yuri umgedreht. Er hatte sich eine Pfote über die Augen gelegt. »Morgen Nachmittag kommt der Tierarzt wegen der Spritze«, hast du gesagt und geseufzt. Als ihr aus der Baracke gegangen seid, blieb der Hund unter der Karte liegen. Eine halbe Stunde später wart ihr wieder da. »Ich erwarte Sie dann«, sagte der junge Mann hustend. Yuri stand auf und folgte dir nach draußen. Du hast ihm die Beifahrertür aufgehalten, und er mühte sich hinein.

Niemand im ganzen Haus hat in den folgenden Wochen etwas gemerkt. Diejenigen, die ihn vorher gehasst hatten, taten das auch weiterhin und auf dieselbe Art, schnitten dasselbe Gesicht, gaben denselben grantigen Kommentar ab und rollten die Augen gen Himmel. Auch diejenigen, die ihn vorher gestreichelt hatten, ließen es nicht bleiben, und sogar der Sohn der Hauswartin zieht ihn immer noch am Schwanz, wenn ihr morgens nach draußen geht. Und du? Du rufst ihn »Yuri!«, und er kommt und wedelt dir um die Füße. Im Sommer geht ihr wie gewohnt am Strand spazieren: Er läuft ein paar Meter vor dir oder ein paar Meter hinter dir, mit der Nase im Sand stöbernd und mit dem schönen weißen Fleck auf der Stirn. Er ist ein lieber Hund. Wenn du den Stock wirfst, bringt er ihn dir zurück, wenn du ihm die Hand hinhältst, leckt er sie dir, und er lässt sich von jedem streicheln. Abends seht ihr zusammen fern. Du kraulst ihm die Ohren, eigentlich seid ihr alle beide zufrieden, es bellt nur keiner mehr, wenn du duschst.

Blöße
Nacktheit
Nudità

[nudi'ta]

Gut, es war bloß ein Traum, aber er hat dich genervt. Wieso – fragtest du dich – musste er dir das unbedingt mitteilen, da ihr doch noch nie etwas gemeinsam hattet? Den einen oder anderen Freund, klar, aber von Gemeinschaftseigentum hältst du nichts. Außerdem ging das nicht, das machte man einfach nicht, eine SMS um sechs Uhr morgens. Dein Mann wollte sofort wissen, wer das war, und du musstest ihn anlügen. Du konntest ihm doch nicht erzählen, dass ein Bekannter von dir – ja, genau, ein Bekannter: das war exakt das richtige Wort – das Bedürfnis verspürt hatte, dir an einem Sonntagmorgen um sechs Uhr früh mitzuteilen, dass er von dir geträumt hatte. Ihr hattet gerade mit Ach und Krach drei Monate bei einem Eheberater hinter euch gebracht. Am allerwenigsten durfte er von diesem unpassenden Adjektiv erfahren – »interessant« – und dahinter drei Auslassungspunkte und ein Smiley.

Aber nach der Lüge – »Wieso muss mir meine Cousine an einem Sonntagmorgen um sechs eine SMS schicken?« – hast du dich deinem Mann gegenüber volle zwei Tage lang unbehaglich gefühlt. Du wolltest unbedingt Freunde beim Abendessen dabeihaben, nur um nicht mit ihm allein zu sein. Natürlich hast du dich gehütet, deine Cousine auch einzuladen, um nicht in eine peinliche Situation zu geraten. Aber trotz der Freunde und obwohl du dir extra Arbeit aufgehalst hast, bist du ihm in diesen beiden Tagen ausgewichen. Einmal hat er dich vor dem Einschlafen sogar gefragt, ob etwas passiert sei. Du hast Nein gesagt, ganz und gar nicht, und dich umgedreht. Aber danach hast du stundenlang kein Auge zugekriegt. Die Vorstellung, dass du in den Traum von jemand anderem geraten bist – obendrein einem Bekannten, irgendeinem Freund von Freunden –, und dich da ausgezogen und Sex mit ihm gehabt hast – was denn sonst, wenn nicht Sex, er hatte ja schließlich dieses »interessant« gesimst? –, löste in dir ein schlechtes Gewissen gegenüber deinem Mann und Wut auf den anderen aus.

Eine Zeit lang hast du alle Situationen gemieden, in denen du dem Kerl mit dem Traum hättest begegnen können. Dann hast du das Ganze zum Glück vergessen, er schickte keine SMS mehr, und ihr, du und dein Mann, habt den alten Beziehungstrott wieder aufgenommen. Bis dir dieser Bekannte eines Nachmittags, früher oder später musste es ja so kommen, unter den Arkaden über den Weg lief. Du warst allein, er hatte einen Freund dabei. Er hat dich angesprochen und euch bekannt gemacht – »Ich hab dir ja mal davon erzählt, weißt du noch?«, fragte er den anderen, und der antwortete: »Ja, klar«, obwohl er sich vermutlich gar nicht erinnerte. Und du bist auf der Stelle, unter den Arkaden, rot geworden und hast angefangen zu schwitzen. Du bist dir ständig mit der Hand durch die Haare gefahren, schlagartig entblößt, um dich herum lauter Leute, die dich im Vorbeigehen taxiert, sich nach dir umgedreht haben. Und du konntest nur an deine Brüste denken, an die Brustwarzen und das bisschen Bauch, das du hattest – wie peinlich! –, du wolltest dich unbedingt bedecken, aber dann hast du es nicht länger ausgehalten und grußlos Reißaus genommen.

Sprengkörper
Werkzeug Gerät

Ordigno

[or'diɲɲo]

Und dann, eines Tages, hat dir deine Mutter erklärt, was ein Geheimnis ist. Sie hat dich von der Schule abgeholt und dir auf dem Nachhauseweg im Auto erklärt, jemandem ein Geheimnis zu offenbaren bedeute, einem anderen etwas anzuvertrauen, das einem das Liebste ist. »Und daraus folgt: Wenn man ein Geheimnis zur Aufbewahrung bekommt«, sagte sie und nahm vor der Ampel den Fuß vom Gas, »muss man das, was man bekommen hat, gut hüten. Ein Geheimnis«, bei Grün fuhr sie wieder an, ohne mit dem Reden aufzuhören, »das sind Worte von jemand anderem, und denen muss man in seinem Bauch eine Lagerstatt bereiten. Es gehört ein bisschen Geschick dazu« – du hattest ziemlichen Hunger, du hast deine Mutter angeguckt, aber du hast dich nicht getraut, etwas zu sagen –, »solche Worte hinunterzuschlucken, ohne sie zu kauen, ohne sie zu zerbeißen. Aber es reicht ein Schubs nach hinten mit der Zunge und man spürt, wie das Geheimnis die Speiseröhre hinuntergleitet wie eine Wörterreisegruppe auf Tauchgang. Und wenn die Wörter dort unten ankommen« – ihr wart jetzt vor der Haustür –, »müssen sie unbedingt ein Nest vorfinden, in dem sie den Rest ihrer Tage verbringen können.«

Nach dem Abendessen, während dein Vater in der Küche saß und Zeitung las, hat sie sich zu dir aufs Sofa gesetzt und den Fernseher lauter gestellt. Sie sprach sehr leise, sie wolle jetzt ihrer Tochter ein Geheimnis anvertrauen, sagte sie. Du hast sie angeguckt und du hattest glänzende Augen. Dann hast du geschluckt – natürlich, weil du aufgeregt warst, vor allem aber um den Weg freizuräumen für den Wörterkonvoi im Anmarsch – und erklärt: »Ich bin so weit.« Jetzt senkte sie die Stimme noch mehr und erzählte dir, dass, na ja, also, da sei ein anderer Mann, neben deinem Vater, und mit dem treffe sie sich ab und zu. Sie lachte sogar, vor Verlegenheit. Dieser andere Mann gefalle ihr sehr, sagte sie, und jetzt hatte sie glänzende Augen. Du hast dir Wort für Wort auf die Zunge gelegt, hast ihnen einen Schubs gegeben und gespürt, wie sie die Speiseröhre entlang bis hinunter zu dem Nest glitten, das schon für sie bereitet war. Dein Vater steckte den Kopf ins Zimmer und beschwerte sich über den lauten Fernseher, dann ging er wieder in die Küche.

Und seitdem läufst du mit diesem Etwas im Bauch herum. Du bist damit zur Schule gegangen, und bei Klassenarbeiten, wenn es ganz still war, hörtest du es ticken. Du hast die anderen angeguckt, um zu sehen, ob sie es auch hörten, aber zum Glück hingen alle tief über ihren Heften. Abends vor dem Essen, bei den Hausaufgaben am Küchentisch, hast du das Geheimnis auch in deinem Bauch ticken gehört. Aber zum Glück bekam dein Vater es nicht mit, und deine Mutter zwinkerte dir ab und zu komplizenhaft zu. Beim Essen hast du geredet, so viel du konntest – hastig und lauter als die anderen –, niemand sollte das Ticken hören, und danach bist du sofort in dein Zimmer gelaufen und hast die Tür zugemacht. Aber eines Tages hat dein Vater gehört, dass du nur schwer Luft bekamst – ihr wart allein zu Hause, du und er –, und dir ein Ohr auf die Brust gelegt. Dann hat er gesagt: »Das schlägt aber!« Du dachtest, er hätte den Sprengkörper entdeckt, aber er hat nur geflüstert: »Du bist gesund wie ein Fisch im Wasser.«

Uhr Uhr

Orologio

[oroˈlɔːdʒo]

Seine Hand zitterte vor Anstrengung, als er versuchte, den Deckel mit Hilfe der kleinen Zange abzuheben. Manchmal warf er dir, mit der Uhr auf der Handfläche, einen Blick über den Brillenrand zu, um zu sehen, wie groß deine Besorgnis war. Dann tastete er weiter, suchte nach einem Hohlraum, um die Zangenspitze anzusetzen. Du hast inzwischen das Armband betrachtet, die Runzeln im Leder, die Haut dieses Zeitmessertiers, das er zu retten versuchte. Das Telefon klingelte, und er ließ es eine Weile klingeln. Dann legte er die Zange auf den Arbeitstisch, bettete die Uhr daneben und nahm den Hörer ab. »Kommt schon mal vor«, sagte er, nach einer Minute des Schweigens und Zuhörens, »dass die ein bisschen vorgehen, aber das ist nichts Ernstes.« Du hast inzwischen die Uhr betrachtet, sie lag zwischen Lupen, Schraubenziehern und Bonbonpapier. »Kommen Sie mal damit vorbei«, sagte der Mann in den Hörer, und schaute dir dabei zu, wie du die auf den Rücken gedrehte Uhr anstarrtest.

Der Deckel sprang mit einem trockenen Plopp ab. »Na endlich«, hat der Mann gesagt und mit einem Seufzer die Ungeduld verscheucht, die ihm in die Hände gefahren war. »Wann ist sie denn stehen geblieben?«, hat er dich

gefragt. Du hast in den Bauch des Zeitmessertiers gespäht, metallene Eingeweide und mittendrin die Batterie, und dann erst geantwortet. »Heute um zehn Uhr fünfundzwanzig.« Der Mann schaute zu einer Pendeluhr an der Wand rechts hinter dir. »Vor zwanzig Minuten also«, sagte er. Du hast ihm nicht erzählt, dass du die drei Straßen von zu Hause bis zur Werkstatt gerannt warst, auch nicht, dass du fast in Tränen ausgebrochen warst, als du mit der Uhr in der Hand die Treppe hinunterstürmtest. Du hast nicht erzählt, dass dir einen Augenblick lang das Herz stehen blieb, als die Uhr – es war die Uhr deiner besten Freundin, ihr Mann hatte sie dir überlassen, nachdem sie gestorben war – der Zeit den letzten Schlag versetzt und sich nicht mehr gerührt hatte.
Unterdessen war eine Dame in die Werkstatt gekommen und wollte irgendetwas vollkommen Belangloses wissen. Im selben Moment flogen die Türchen zweier Kuckucksuhren auf, zwei kesse Vögel krakeelten los und kehrten nach der Ansage in ihr Häuschen zurück. Der Mann, er hatte deine Uhr schon wieder in der Hand und nahm gerade die Batterie heraus, gab der Dame eine Antwort, und sie ging wieder. Du hast die ganze Zeit die leere Stelle betrachtet, wo die Batterie hingehörte. Wie lange wird sie noch durchhalten?, hast du gegrübelt. Deine Freundin hatte damals mit schweißnassen Haaren im Krankenhaus gelegen, und ihr Mann hatte ihr sanft auf die Stirn gepustet. Und hinterher, als auch die Maschinen stillstanden – als *alles* stillstand –, hatte er dir die Uhr gegeben, und du hattest sie dir im Fahrstuhl ans Ohr gehalten und schlagen hören. »Geschafft«, sagte der Uhrmacher. Und setzte

mit der Zange die Batterie wieder zwischen die Zahnrädchen. Dann drehte er die Uhr um. »Hören Sie mal«, sagte er, und du hast die Augen geschlossen und endlich wieder Luft geholt.

Gebäck
Konditorei
Pasticceria

[pastittʃeˈriːa]

Hauptsache, es ist jeden Morgen eine andere Konditorei. Nur so bleibt das Begehren stets ein wildes Tier, das man jagen kann. Der Arzt höchstpersönlich – du hättest nie gewagt, so weit zu gehen, und vor allem hättest du nie gewagt, es auszusprechen –, hat dir geraten, das Ritual zu pflegen, alles sorgfältig vorzubereiten, das Verlassen des Bettes als erste Phase der Zeremonie zu betrachten. Dabei hat er dir das Untersuchungsergebnis gezeigt, mit einem roten Filzstift drei Werte in den Zahlenspalten eingekringelt und dir das Blatt hingeschoben. Du hast auf die Zahlen gestarrt, es sah aus, als ob sie in den Kringel des Arztes hüpften wie Löwen in einen Feuerreifen. Dann hast du geseufzt. »Das schaffe ich doch nie, Herr Doktor.« Da nahm er die Brille ab, faltete die Hände und brachte die Sprache auf das Ritual. »Wählen Sie Ihre Beute. Jeden Morgen eine andere. Folgen Sie Ihrem Instinkt. Wie ein Tier. Nehmen Sie sie ins Visier. Gehen Sie hinein. Verführen Sie das in der Vitrine eingesperrte Gebäckstückchen.«
Also stehst du jeden Morgen auf und trinkst den grünen Tee, den deine Frau dir aufgegossen hat. Sie gibt dir einen Abschiedskuss auf den Kopf – sie beugt sich herunter, hat die Jacke schon an, ist in Eile – und geht. Du wartest, dass

die Haustür ins Schloss fällt, drei Etagen tiefer, und springst unter die Dusche. Fünf Minuten Seligkeit, Seife, Shampoo, das dir den Kopf mit weichen Wölkchen umhüllt. Dann rasieren, im Bademantel: der Rasierschaum, die tückische Liebkosung der Klinge, zwei Klapser auf die Wangen. Und jetzt kommt das Ankleiden. »Kein Ritual ohne Einkleidungszeremoniell«, hat der Arzt gesagt. Das gebügelte Hemd, die passende Krawatte auswählen, unter dem Hals knoten, Schuhe auf Hochglanz bürsten. Und nie den Blick in den Spiegel vergessen. Gefallen an sich finden. Schließlich: der Fahrstuhl – auch da ein gewissenhafter Blick in den Spiegel –, ins Auto steigen, scheinbar zerstreut umherfahren. Und endlich den Ruf vernehmen, bremsen, Warnblinker anschalten. Sicheren Schrittes die Konditorei betreten.

Das machst du jeden Morgen, seit drei Monaten. Jedes Mal überfällt dich der Wohlgeruch wie eine Stoßwelle. Da stehst du jetzt – im Herzen der Zeremonie, vollendet eingekleidet – und musterst die Vitrinen. Du hast einen Blick für die unentschlossenen Kunden: Du sprichst sie an, erkundigst dich nach ihrem Geschmack, gibst Ratschläge. Kaum zeigst du mit dem Finger auf ein Gebäckstückchen, hörst du ein Brüllen im Ohr, siehst die wütenden Löwen in den Feuerreifen hüpfen, den der Arzt gezeichnet hatte. Dann schaust du den Männern und Frauen, die du bei der Auswahl beraten hast, beim Essen zu und nickst, wenn sie sagen, dass es ihnen schmeckt. Du stellst dir vor, wie die Törtchen in ihre Mägen hinunterwandern. Dann trinkst du einen Kaffee am Tresen, lässt aber keine Sekunde die auserkorene kleine Torte aus den

Augen, die mit gesenktem Blick in der Vitrine eingesperrt ist. Du signalisierst ihr, dass du wiederkommen wirst. Im Auto schlägst du heftig mit den Fäusten aufs Lenkrad ein – »Reagieren Sie sich ab!« – und denkst an sie. Und denkst an den Monatsersten, wenn du – nur an diesem einen Tag – in die Konditorei gehen, dir den Weg durch die Menge bahnen und sie befreien darfst. Und sie daraufhin deinen Gelüsten als Opfer darbringst.

Tore

Pforten Türen

Porte

['pɔrte]

Die erste Tür hast du selbst geöffnet, und deine Freundin hat dir bedeutet, ganz leise zu sein. Im Zimmer nebenan schlief ihr kleiner Sohn. Du hast die Schuhe im Flur ausgezogen, bist auf Zehenspitzen, noch in Hut und Mantel, an dem Zimmer vorbeigeschlichen und hast den Koffer ins Schlafzimmer gestellt. Deine Freundin, die hinter dir herging, hat dich leidenschaftlich geküsst und dir gezeigt, welche Schrankseite deine sein sollte. Dann seid ihr aus dem Schlafzimmer gegangen, du hast Mantel und Hut abgelegt und auf der Bank im Flur liegen lassen. Ihr seid auf Zehenspitzen in das Zimmer gegangen, in dem der Kleine schlief. Ihr habt euch angesehen, du und er, er im Schlaf, du über sein Gesicht gebeugt, und sie hat deine Verbeugung betrachtet.

Die zweite Tür hast du zugeknallt, als du erfuhrst, dass deine Freundin neben dir einen anderen Mann hatte. Du bist wutentbrannt hinausgestürmt. Zurück, hinter der Tür, blieben das Weinen des von euerm Geschrei verängstigten Kleinen und deine Sachen im Schrank. Du hast zwei Treppenstufen auf einmal genommen, bist quer durch die Stadt gelaufen, bis dich die Müdigkeit packte und leer machte, und dann bist du ganz langsam zurück nach Hause gegangen. Abends beim Essen hattet ihr euch nicht viel zu sagen. Ihr kleiner Sohn schlief in deinen Armen ein, auf dem Sofa, und du hast ihn ins Bett gebracht. Deine Freundin starrte die ganze Zeit zu Boden und sagte kein Wort. Du hast den Kleinen ausgezogen, und er steckte, schon träumend, Arme und Beine in den Schlafanzug. Dann hast du seine Tür zugezogen – die dritte –, neben dem leuchtenden Piratenschiff.

Die letzte Tür hat sie geschlossen, an einem Montag. In der Nacht davor hatte sie, während du sie beschworst, es sich noch einmal zu überlegen, ihre Schrankhälfte in zwei Koffer gepackt. Morgens fand euch der Kleine in der Küche, ihr saßt beim Frühstück, und ihre Augen waren schwarz vor Müdigkeit. Er war barfuß und wollte instinktiv zu dir. Du hast ihn auf deine Knie gesetzt, während die Frau, die deine Freundin war, ihren Mantel von der Bank im Flur holte. Sie kam noch einmal in die Küche, gab dem Kleinen einen Kuss, drehte sich um und war weg. Als ihr die Haustür ins Schloss fallen hörtet, hast du aus dem Fenster geschaut, und der Kleine drehte den Kopf zu dir. Du hast dich hinuntergebeugt, ihm die Lippen auf die Stirn gedrückt und gesagt: »Na komm, wir müssen doch pünktlich in der Schule sein.«

fast beinah

Quasi

['kṷa:zi]

Wer weiß, was er dachte, als du ihn angesprochen hast wie einen alten Bekannten. Zuerst betrachtete er dich mit einem gewissen Misstrauen. Ihr standet zu acht in der Schlange, aber du hast dich ausgerechnet an ihn gewandt. Die anderen haben euch nicht beachtet – sie stöhnten und schnaubten weiter laut über die Langsamkeit der Schalterbeamten –, als du dich zu ihm umgedreht und einen Spruch über die Frisur einer der jungen Frauen hinter der Scheibe losgelassen hast. Er schien zu überlegen, mit seinem Nummernzettel in der Hand, und räumte schließlich ein, dass du recht haben könntest, die Haarfarbe – oder die Föhnwelle? – passte nicht zu ihrem Alter. Dann hast du über das Bußgeld geplaudert, das du gleich zahlen musstest, und über die grauenhafte Arbeit deiner Frau, über eure geplanten Ferien in Deutschland, über die Krisen deiner Tochter – »Solange sie klein sind, ist *die Krise* die Konstante«, hast du noch ergänzt –, und er nahm Anteil, verschämt, hinter einem Paravent aus Schüchternheit und Diskretion.

Wie bist du eigentlich darauf gekommen, ihm zu erzählen, dass du ganz fassungslos warst, dass er einem deiner besten Freunde, den du schon seit Langem aus den Augen verloren hattest, so ähnlich sah – nein, nicht bloß ähnlich, sondern *beinah* gleich! Bald darauf hast du ihn auch schon mit Fragen bestürmt – im Neonlicht, während eure Warteschlangengenossen einer nach dem anderen an den Schalter traten, bezahlten und gingen, noch immer grummelnd –, und nach und nach fasste er Mut, er brach aus seiner Schüchternheit aus und zeigte sich. Dann warst du an der Reihe, und kurz vor dem Schalter hast du ihm gesagt, du würdest auf ihn warten, du habest es eigentlich nicht eilig, im Gegenteil, es sei dir ganz lieb, deine Frau und deine Tochter zu Hause seien vollauf beschäftigt mit der Passivumschreibung, du dagegen hieltest dir die ganze Lateinlawine lieber vom Leib.

Also seid ihr anderthalb Stunden lang die Allee auf und ab spaziert, und die ganze Zeit hast du dich am Erzählen berauscht und ihn ausgefragt. Irgendwann hast du dich sogar bei ihm eingehakt und gesagt, er könne sich ruhig öffnen und ganz angstfrei mit dir reden, und dir seine Geschichten über seine Trennung und seine Spielschulden angehört. Alle paar Schritte drehte er dir im Gehen den Kopf zu und musterte dich mit einer Mischung aus Ungläubigkeit – wieso hattest du so viel Interesse an ihm? – und Dankbarkeit. Er sagte sogar ausdrücklich, er sei sehr beeindruckt von deiner freundlichen Art, gerade in der Welt von heute, wo jeder jedem ausweiche. Als es Abend wurde, habt ihr euch zum Abschied die Hand gegeben. Er lächelte – auch sein Lächeln war *beinah* das gleiche wie das deines Freundes, nur ein bisschen melancholischer –, wandte sich um und ging. Du hast gesehen, wie er mit den Händen in die Taschen fuhr und all die Dinge hineinsteckte, die nicht für ihn bestimmt waren. Vielleicht hat er ja eins davon in seine Finger genommen und behalten.

fünfzehn fünfzehn

Quindici

['kuinditʃi]

Schließlich habt ihr euch zu einem Termin bei einem Psychologen überreden lassen. Ihr habt ihm gegenüber Platz genommen und euch in eurem jeweiligen Bereich des Rechthabens eingerichtet, aber kein Wort gesagt, bevor er euch nicht dazu aufgefordert hat. Danach habt ihr abwechselnd geredet und ausschließlich Beweise jeweils zulasten des anderen vorgetragen, du bist ziemlich hitzig geworden, und dein Mann hat sich redlich Mühe gegeben, sich von dem, was du gesagt hast, nicht aus dem Gleis werfen zu lassen. Der Psychologe hat die ganze Sitzung lang geschwiegen und euch am Ende eine Übung verordnet, die täglich durchzuführen war. Ihr solltet jeden Abend ein Problem angehen, das euch sehr am Herzen lag, hattet aber nur fünfzehn Minuten Zeit dafür. Genau fünfzehn Minuten, um es zu formulieren – und keine Sekunde länger –, der andere musste mit seiner Erwiderung bis zum nächsten Tag warten.
Du hast den Anfang gemacht, eines Abends auf dem Balkon, gegen Ende des Sommers. Den ganzen Tag lang hattest du dir Gedanken über den Vortrag gemacht, den du halten wolltest, hattest an jeder Passage gefeilt, Satzanfänge und -enden geschliffen, dir ein paar Varianten notiert.

Abends habt ihr Stühle aufgestellt, exakt einander gegenüber, und euch leicht aufgeregt den Startschuss für eure täglichen Übungen gegeben. Du hast deine fünfzehn Minuten ohne Zögern genutzt. Deine Rede war aufgebracht, du hast ihm wild entschlossen in die Augen geschaut, mit einer Art kriegslüsterner Konzentration. Eine Viertelstunde lang hast du deine Worte beschworen, in ihn zu dringen und dort ein Gemetzel anzurichten, alles in Schutt und Asche zu legen. Du hast sie aufgehetzt, sie sollten ihm in die Augen springen, laut bellend durch ihn hindurch jagen bis ins Herz und es dir waidwund apportieren, am Tag nach diesem Spätsommerabend auf dem Balkon.
Am nächsten Abend war dein Mann an der Reihe. Er hat sich vor dich gesetzt. Er hat dich angeschaut, aus sehr müden Augen. Dann hat er angefangen zu reden, und du hast ihm fünfzehn Minuten lang entsetzt zugehört, du hast bei jedem Wort genau gespürt, wie es in dich hineinglitt und anfing, deinen ganzen Körper in Beschlag zu nehmen. Danach habt ihr gegessen, ohne mehr als das unbedingt Notwendige miteinander zu sprechen, und seid zu Bett gegangen. Mitten in der Nacht wurdest du wach, schweißgebadet, in Panik, weil dir das Herz bis zum Hals schlug. Du hast dich aufgesetzt, um dir etwas Erleichterung zu verschaffen, während dein Mann tief atmend neben dir lag. Du hast dir eine Hand auf den Bauch gelegt, zur Besänftigung: Die Worte deines Mannes saßen darin in Geiselhaft, sie rumorten, sie revoltierten, sie gaben keine Ruhe. Und so, schwanger, hast du eine Melodie gesummt, ein Wiegenlied, und der Schlaf hat dich geholt, er baute dir eine Rutsche und nahm dich mit sich.

Erpressung

Erpressung

Ricatto

[ri'katto]

»Es ist nicht hinnehmbar«, hast du gesagt, »dass meine Mutter den lieben langen Tag weint. Werdet ihr hier nicht für das Wohlergehen der Bewohner bezahlt?«, hast du gebrüllt. Du bist, das Scheckheft schwenkend, im Zimmer auf und ab gelaufen. Die Direktorin des Seniorenheims saß hinter ihrem Schreibtisch und ermunterte dich mit Blicken, auch Platz zu nehmen, sie versuchte nicht einmal, den Mund aufzumachen. Du hast es ignoriert, und sie hat, als du laut wurdest, die Augen geschlossen, um sich mit Geduld und Courage zu wappnen. »Das ist nicht hinnehmbar«, hast du nachgesetzt. Insbesondere angesichts der Summe, die du Monat für Monat hier lässt, um sicherzustellen, dass deine Mutter in einer angeblich erstklassigen Einrichtung ist. Du hast so laut gebrüllt, dass die Tür aufging und ein Wärter hereinkam – ein rotnasiger, kahlköpfiger, korpulenter Mann mit einem Gesicht wie ein Rausschmeißer in einer Diskothek –, aber die Direktorin bedeutete ihm, dass alles in Ordnung sei. Einen Augenblick hast du innegehalten, aber sobald der korpulente Mann sich hinter die Tür zurückgezogen hatte, hast du einfach da weitergemacht, wo du unterbrochen worden warst. »Es ist nicht hinnehmbar, dass ein

Sohn seine Mutter jedes Mal, wenn er sie besucht, in einem Zustand vorfindet, den man nur als«, hast du gesagt, »*technisches K.o.* bezeichnen kann.«
Du bist noch wütender geworden, als die Direktorin dir erklärte, deine Mutter sei nicht nur keineswegs *technisch k.o.*, um deinen fragwürdigen Ausdruck aus der Welt des Boxens zu benutzen, sondern eine der *dynamischsten* Mitbewohnerinnen überhaupt. »Wie soll jemand *dynamisch* sein«, hast du mit ihrem fragwürdigen Adjektiv gekontert, »der neunzig Jahre alt ist, über einen Zentner wiegt und im Bett liegt und von der ersten bis zur letzten Minute weint, wenn man neben ihr sitzt?« Die Direktorin stand auf und kam um den Schreibtisch herum. Sie setzte sich zu dir, auf einen der im Vokabular der Einrichtung mit kaum verhohlener Verachtung so genannten »Stühle für die Angehörigen«. Auf diesen Stühlen wurden Unterschriften getätigt, Schecks ausgestellt, Beschwerden geführt und sämtliche Gründe aufgefahren, nach denen es nur *zu ihrem Besten* ist, wenn man seine alten Eltern hier abstellte. »Ich versichere Ihnen«, hat sie dir erklärt, und in ihrer Stimme und ihrem Blick lag eine abgenutzte Sanftheit, »dass Ihre Mutter *in Ihrer Abwesenheit* eine sehr *dynamische* Frau ist.«
Du hast dich überzeugen lassen, und in der folgenden Woche hast du getan, worum die Direktorin dich gebeten hatte: Du bist ohne Voranmeldung zu Besuch gekommen. Die Direktorin empfing dich in ihrem Büro. »Dann will ich ihn Ihnen mal zeigen«, sagte sie mit sardonischem Lächeln, »den *technischen K.o.* Ihrer Mutter.« Ihr seid drei Etagen höher gegangen – das Pflegepersonal grüßte

sie ostentativ mit »Frau Direktor« –, und sie hat dich zu einer halb geöffneten Zimmertür gebracht. Da solltest du mal einen Blick hineinwerfen. Vom Türrahmen aus hast du gesehen, wie deine Mutter in ihrer ganzen enormen Fülle eine Gruppe anderer *Gäste* unterhielt, und zwar mit unanständigen alten Liedern. Sie sang vor, einige sangen mit, andere klatschten im Takt. Alle lachten. Du, den Türspalt im Auge behaltend, hast den Rückzug angetreten und nichts mehr gesagt. Du hast kurz gedankt, bist mit der Direktorin die Treppen wieder hinuntergegangen und hast ihr die Hand geschüttelt. Dann bist du ins Auto gestiegen. Seit Jahren schon hattest du nicht mehr geflucht.

Wiederaufleben
Wiederaufblühen
Wiedergeburt

Rinascita

[ri'naʃʃita]

Die ganze Nacht haben sie an deinem Krankenhausbett verbracht, drei an deiner Seite, dein Mann lief im Zimmer auf und ab. Die ganze Nacht lang haben sie beobachtet, wie du atmest, wie dein Bauch, nur bedeckt mit einem Laken, sich mühsam hebt und senkt. Sie haben abwechselnd deine Atemzüge überwacht, mitgezählt, wenn du eingeatmet hast, während deine Mutter, in diesen Dingen die Erfahrenste von allen, dir zugeflüstert hat, du sollest kräftig ausatmen. Aber du hast keinerlei Reaktion gezeigt. Du lagst beinah regungslos in diesem Metallbett, mit gespreizten Beinen, die Haare schweißnass auf der Stirn und zerzaust auf dem Kopfkissen. Dein Atem gab den Takt für alle vor, und so atmeten alle gemeinsam ein und aus – irgendjemand musste husten und entschuldigte sich hinterher –, aus dem Zimmer war plötzlich ein einziger Brustkorb mit Fensterblick geworden.
Von Zeit zu Zeit steckte ein Pfleger den Kopf in das Halbdunkel, ging zum Bett und kontrollierte, bei wie vielen Tropfen deine extremen Schmerzen nachließen. Dann verließ er wortlos das Zimmer. Alle sahen ihm nach – manchmal wollte jemand aufstehen und hinterhergehen, blieb aber doch sitzen – und beugten sich dann wieder

über dein Bett, drei an deiner Seite, dein Mann am Fenster, und deine Mutter beschwor dich weiter, kräftig auszuatmen. Das Bett neben deinem war leer, und dein Neffe entschuldigte sich, es sei wohl nicht ganz passend, aber ob er vielleicht ein paar Stunden schlafen dürfe. Er zog sich die Schuhe aus und legte sich hinein, mit seinen dreizehn Jahren und seiner Jeans, die an den Knien zerschlissen war. Er schlief augenblicklich ein in dem zweiten Metallbett, und seine Atmung hat sich sofort angeglichen an die Atmung von allen, auch von dir, die sich gerade anschickte, die Welt zu verlassen.
Plötzlich hast du von selbst heftig zu atmen angefangen, du hast die Luft mit solcher Wucht ausgestoßen, dass das Bett ein quietschendes Geräusch auf dem Fußboden verursachte. Dein Mann ist vom Fenster zurückgekommen und hat sich neben dich gestellt – er hat dir sacht auf die Stirn gepustet –, und deine Mutter hat leise gesagt (es klang fast wie ein Gebet): »Du bist mein kleines Mädchen.« Draußen dämmerte inzwischen der Tag herauf, und dein Neffe drehte sich auf die Seite und kehrte allen den Rücken zu, das Portemonnaie steckte nur noch halb in der Hosentasche. In genau diesem Augenblick hast du Anlauf genommen, hast mit aller Kraft, die du hattest, die Luft ausgestoßen, die Augen halb offen, Schweißtropfen rollten dir über die Stirn, die Beine beinah gegrätscht. Dein Mann hat es begriffen, er hat dir einen liebevollen Blick zugeworfen, dann hat er die Augen geschlossen und sich über dich gebeugt. Und währenddessen kam er vor aller Augen ans Licht, ohne jedes Wimmern, ohne das geringste Wehklagen, dein letzter Atemzug.

ohne
ohne
Senza

['sɛntsa]

Dass es Väter gibt, entdecken manche Kinder am ersten Schultag. Bis zu diesem Tag besteht ihre Welt aus zwei Menschen, und zu zweit funktioniert sie gut. Die Mutter weckt das Kind, indem sie ihm mit der Hand übers Gesicht streicht, und sie ist es auch, die jeden Tag die Welt zusammenbaut, damit das Kind darin wohnen kann: Sie fügt ein Stück so ins andere, dass das Kind auf eigenen Füßen stehen kann. An manchen Tagen scheint die Mutter die Gebrauchsanweisung nicht zu finden, und man sieht, wie schwer sie sich tut. Ihre Lippen kräuseln sich. An den Kiefergelenken springen zwei Wutknubbel hervor. Manchmal bricht sie in Tränen aus. Das Kind kennt das, die Mutter tut ihm zwar leid, aber es kommt keine Sekunde lang auf die Idee, dass ihr etwas fehlen könnte und dass es schwer ist, die Welt allein zu erbauen, weil immer ein Stück fehlt. Das Kind denkt darüber nicht nach, es wartet auf den Abend, wenn die Mutter die Welt Stück für Stück wieder abbaut, in die Kiste zurücklegt und das Licht ausschaltet.

Dann kommt der erste Schultag. Das Kind hat sich lange darauf vorbereitet, es hat schon Stifte, Papier und Malfarben mit der Mutter gekauft. Am Morgen des ersten Schultags öffnet die Mutter die Kiste und rollt ihm einen roten Teppich aus. Wo er endet, beginnt die Schule. Auf diesem Teppich wird sie auch warten, denn auf ihm kann das Kind in umgekehrter Richtung wieder herauskommen. Aber wenn es dann kommt, sieht es nicht nur seine Mutter, sondern auch Väter, die auf seine Klassenkameraden warten. In diesem Moment sieht das Kind die Mutter an und die Mutter das Kind, und diesen Blick wird sie nur an diesem einen Tag haben: In ihm liest das Kind, dass in ihrer Kiste ein Stück weniger war, auch wenn seine Mutter es trotzdem hervorragend hinbekommen hat, dass die Welt auf eigenen Füßen steht. So kommt es, dass das Kind mit einem Schlag die Sehnsucht nach Dingen kennenlernt, die nie da waren.

Dieses Kind – und das Kind bist du – bekommt einen melancholischen Zug im Gesicht, so dass es aussieht wie eine regenschlierige Fensterscheibe. Auch wenn du weiterhin genau weißt, dass der rote Teppich immer für dich da liegen und dich auffangen wird. Bis dich eines Tages nach der Schule der Vater eines Klassenkameraden ein paar Minuten auf den Arm nimmt – einfach so, ohne Grund – und du den Kopf an seine Schulter legst. So sieht dich deine Mutter, und ihr wird klar, dass du diesen Blick nur an diesem einen Tag haben wirst. Und ihr fällt ein, wie es ist, wenn man eine Kleinigkeit – eine Brosche, einen Talisman, einen Schlüssel – in der Tasche einer Hose findet, die man schon lange nicht mehr anhatte. Genau diese Art von Überraschung spürt sie, als sie dich bei diesem Mann auf dem Arm sieht. Vor allem aber spürt sie die Melancholie des Augenblicks, in dem einem bewusst wird, dass man schon lange aufgegeben hat, etwas Bestimmtes zu suchen; wenn man merkt, dass zu allem, was man gelernt hat, auch gehört, gut ohne auszukommen.

Zigarette Zigarette

Sigaretta

[siga'retta]

Entscheidend ist, die Strecke genau zu berechnen. Im Nachhinein betrachtet klingt das einfach – schließlich bist du inzwischen ein Meister darin, Lügen als perfekte Coups zu inszenieren –, aber es hat sechs Monate gedauert, bis du den richtigen Punkt gefunden hattest. Exakt anderthalb Kilometer von zu Hause entfernt muss der Bonbon ausgewickelt und auf die Zunge gelegt werden: in der großen Kurve beim Einkaufscenter, gleich hinter der Überführung. Wenn du zu Fuß unterwegs bist, reicht es, wenn du erst an der Bahnlinie anfängst zu lutschen. Du weißt ganz genau, was zu tun ist: dem Bonbon die Seele rauben, ihn mit der Zunge umhüllen, überrollen wie eine Lawine, überwältigen und ihm schließlich sein Geheimnis entreißen, darauf warten, dass er mit einem Angstschrei die Pfefferminze rausrückt, die in ihm steckt. Ihn früher in den Mund zu stecken würde nichts bringen: Bis du zu Hause wärst, hätte sich das Aroma verflüchtigt, und du hättest wieder den unverkennbaren Teer- und Nikotingeschmack im Mund. Später dagegen wäre es verräterisch: Mit einer Mentholfahne nach Hause zu kommen, würde sofortiges Stirnrunzeln bei deiner Frau auslösen.
Aber mit einem zur rechten Zeit gelutschten Bonbon ver-

bindest du die perfekte Hygiene mit einer wasserdichten Lüge. Du kannst deiner Frau sogar einen Begrüßungskuss geben – du weißt zwar, du solltest dann sicherheitshalber lieber so lange die Luft anhalten, du weißt aber auch, dass das irgendwie schon etwas Perfektionistisches hat – und dann gleich ins Bad gehen und Gesicht und Hände mit Seife waschen. Wenn deine Frau einkaufen geht, wartest du, bis die Haustür ins Schloss gefallen ist und du sie über die Straße gehen siehst. Oft stehst du auf dem Balkon, um dich zu vergewissern, in welche Richtung sie geht, und manchmal dreht sie sich um und hebt den Arm. Sobald sie um die Ecke verschwunden ist, gehst du wieder rein, ziehst eine Zigarette aus dem Päckchen und setzt dich damit auf den Balkon. Aber nach den ersten Zügen wirst du unruhig, deshalb drückst du sie jedes Mal nicht einmal halb geraucht aus. Du gehst wieder rein, putzt dir gründlich die Zähne, setzt dich in den Sessel, liest und verfluchst die Zeit, die deine Frau zum Zurückkommen braucht.

Und dann sind da noch diese morgendlichen Spaziergänge, die du allein machst. Deine Frau sieht dich zur Tür scharwenzeln und erinnert dich daran, die Schlüssel einzustecken. Du gehst die Treppe hinunter mit dem Päckchen in der Jackeninnentasche, du spürst, wie es deine Brust liebkost. Du trittst auf die Straße. Jeder Meter, den du hinter dir lässt – wer dich dabei einmal beobachtet hat, erzählt, es habe ausgesehen, als ob du auf Zehenspitzen gingst –, ist ein Graben, den du mit deiner Vorfreude und einem albernen Angstgefühl zuschüttest. Du wartest, bis du unter den Arkaden bist, dann schiebst du die Hand in die Innentasche. Wenn sie wieder hervorkommt, klemmt eine Zigarette zwischen zwei Fingerkuppen. Bevor du sie anzündest, fällt dir kurz ein, dass du deiner Frau vor drei Jahren, am ersten Tag der Rente, versprochen hast aufzuhören. Dann zündest du sie an und inhalierst gierig, mit halb geschlossenen Augen und einem gewissen Lächeln. Und gehst unter den Arkaden spazieren, jetzt gemächlich, vorbei an so manchem Jungen mit Rucksack, der dasselbe tut, mit derselben unermesslichen Freude, beim Schuleschwänzen.

Land
Erde
Terra

['tɛrra]

Es hat sich angefühlt wie ein heftigerer Herzschlag, ein Tritt – von innen – mitten in der Brust. Erst danach wurde dir klar, dass der Fußboden gebebt hatte, und du hast hochgeschaut und den Schrank und die Lampe wackeln sehen. Da hatte deine Mutter schon losgeschrien, es blieb nicht mal Zeit, das Wort Treppe auch nur zu denken, da standet ihr schon draußen auf der Straße, mit Dutzenden anderer Leute. Beim Anblick der Risse in der Mauer hat dein Herz noch einmal zugetreten. Als dann ein Teil des Hauses einstürzte, wurde das von einem Chor erregter Stimmen begleitet, von ganz oben bis zum krachenden Aufprall. Danach machte die Idee mit dem Sportplatz die Runde, alle sagten, man solle da hingehen. Die ersten waren schon losgegangen, die anderen – darunter deine Mutter und du – kamen nach, drehten sich immer wieder um, blieben alle zwanzig Meter stehen und sahen nach, ob das große Haus wirklich einstürzte.
Der Sportplatz lag etwas außerhalb der Siedlung. Ihr habt eine kilometerlange Schlange gebildet, ihr Kopf war schon angekommen, während ihr Schwanz noch zwischen den Häusern steckte. Irgendjemand behauptete, die Erde habe sich wieder beruhigt und man könne zurück-

gehen, die Gefahr sei vorüber. Aber die Mamas – darunter deine – hielten es für besser, ein paar Stunden abzuwarten. Also seid ihr auf das Spielfeld gegangen, und jeder suchte sich den Platz, an dem er sich am sichersten fühlte, manche mittendrin, andere am Rand. Du wolltest unbedingt ins Tor, das war immer dein Platz, da standest du, wenn du mit deinen Kumpeln spieltest. Deine Mutter wollte lieber mit dir in die Mitte, gab aber bald auf, dich überreden zu wollen. Das Tor war wie ein Zuhause für dich, und das kam gleich nach dem Zuhause, das du verlassen hattest, als der Fußboden anfing zu beben.
Ihr habt lange dort gesessen, und lange hat niemand etwas gesagt. Die Wolken hingen tief, und der Wind wollte keine Ruhe geben, quälende Orgelfugen und sofort danach eine Art Pfeifen. Dann hast du ein Beben gespürt, als ob dir jemand, der unter der Erde war, in den Hintern getreten hätte. Und da, auf dem Rasen, während die anderen sich unterhielten und ein kleines Mädchen weinte, weil es Angst hatte, ist dir etwas ganz anderes eingefallen: wie deine Tante dich eines Nachmittags ermuntert hatte, dein Ohr an ihren Bauch zu legen, eine Woche vor der Entbindung, und auf die Boxhiebe zu lauschen, die ihr das Baby unter der Haut verpasste. Danach hattest du den Kopf wieder gehoben und sie so angesehen, wie du jetzt deine Mutter auf dem Rasen ansahst, und die Hand vor den Mund gelegt, wie bei einem Geheimnis, das niemand zu erfahren braucht.

Waffenstillstand

Waffenstillstand

Tregua

['tre:gu̯a]

Es war das erste Mal, dass sie einen jungen Mann an der Gegensprechanlage sahen, und dein Gesicht sah aus wie das von jemandem, der eigentlich selbst nicht weiß, warum er geklingelt hat. Normalerweise kommt, wenn es klingelt, ein Krankenwagen, dann drücken sie auf einen Knopf, ein Kontrolllicht blinkt, und das Tor fährt langsam auf. Aber diesmal warst du es, ein Junge mit von der Überwachungskamera verzerrten Gesichtszügen und einer Wollmütze bis zu den Augen, der nur dastand und sagte, er wolle rein. Eine Frauenstimme wollte wissen, warum, und du hast eine Grimasse gezogen, weil dir das Licht in die Augen stach. Du hast irgendetwas Unverständliches gesagt – du hast die Wörter verschluckt – und den Kopf gesenkt. Dann hast du ihn wieder hochgereckt, direkt ins Licht der Videoklingelanlage geguckt und gesagt: »Also, kann ich jetzt rein?«

Auf dem Weg zum Eingang hast du die ganze Zeit auf deine Füße gestarrt. An den Schuhrändern klebte noch etwas schmutziger Schnee, auf dem Rasen war er fast vollständig weggeschmolzen. Eine Frau im Kittel kam dir entgegen, fragte nach deinem Namen – »Andrea«, hast du gesagt – und bedeutete dir mitzukommen. In einem geheizten Zimmer hast du ihr gegenüber Platz genommen und den Mantel ausgezogen, nachdem sie dich auch dazu ermuntert hatte. Du hast ihr, während sie sprach, nicht in die Augen gesehen, sondern deine Knie angestarrt. Sie hat nach deinem Alter gefragt, und du hast gesagt, du bist achtzehn. Sie hat gefragt, wieso du nicht in der Schule bist, und du hast keine Antwort gegeben. Sie hat nach deinen Eltern gefragt, und wieder hast du nichts gesagt. Dann hat sie gefragt, warum du hier bist, und du bist aufgestanden, hast die Jacke ausgezogen, die Pulloverärmel hochgeschoben und ihr deine verletzten Arme gezeigt.

Ein Pfleger hat eine Trage an der Tür abgestellt, und die Frau ist aufgestanden und um den Tisch herum zu dir gekommen. Sie hat gefragt: »Bist du dir sicher?« Und hinzugesetzt: »Niemand zwingt dich.« Du hast geantwortet: »Bitte, sonst mache ich mich kaputt.« Der Pfleger hat auf die Trage gezeigt. Du hast dir die Turnschuhe abgestreift und dich auf die Trage gesetzt. Einen Augenblick hast du noch die Beine baumeln lassen, dann hast du dich ganz ausgestreckt und die Augen geschlossen. Aber als der Pfleger dich festschnallte, hast du die Gurte wieder gelöst und die Frau angesehen. Dann hast du einen tiefen Seufzer ausgestoßen und gesagt: »Danke«, im Gesicht eine Art Lächeln.

Ende
Abgang Ausgang

Uscita

[uʃ'ʃi:ta]

Beim ersten Mal war sie neun, und ihr wolltet schon aufgeben. Vielleicht – habt ihr euch gesagt – ist es noch zu früh für den ersten Flug ganz allein. Sie wollte partout nicht durch das Tor mit dem Metalldetektor, und in zehn Minuten war Start. Ihr standet auf dieser Seite des Tors, auf der anderen stand eine Frau in Uniform, die ihr erklärte, dass sie keine Angst zu haben brauche. Sie trug knallroten Lippenstift und winkte sie zu sich. Sie war sogar in die Hocke gegangen, um auf gleicher Höhe zu sein. »Wie heißt du denn?«, fragte sie. »Isabel«, habt ihr geantwortet. »Nur Mut, Isabel, komm zu mir. Mach einfach die Augen zu«, sagte sie und bot ihr an, Seilziehen zu spielen, »dann geht's ganz leicht!« Aber Isabel stand weiter da wie versteinert. Ihr habt euch gebückt, leise auf sie eingeredet und auf die Frau in Uniform gezeigt. Und dann kniff Isabel die Augen zusammen, gab sich einen Ruck und rannte durch den Metalldetektor. Als sie die Augen wieder öffnete – die Frau hatte sie in den Arm genommen –, drehte sie sich um, und jetzt standet ihr auf der anderen Seite, ihr habt ihr zugelächelt und euch gefragt, ob das alles gut so war.

Die nächsten Male – die wenigen Male, die ihr sie am

Sommeranfang allein zu den Großeltern geschickt habt – liefen schon viel besser, auch wenn sie immer noch Angst vor dem Tor mit dem Metalldetektor hatte. Es gab immer ein letztes kurzes Zögern, bevor sie hindurchging. Sie sah erst über die Schulter zurück zu euch und dann zu der Frau auf der anderen Seite. Nahm Maß. Konzentrierte sich wie ein Hochspringer. Dann rannte sie los und durch, in einem Atemzug. Einmal schrillte der Alarm, und ihr habt euch mehr erschrocken als sie. Isabel drehte sich nur um und sah euch an, während ihr ein Mann in Uniform mit der Detektorkelle über die Kleidung strich. Sie fand es sogar lustig, als der Mann ihr sagte, sie solle noch einmal barfuß zurückgehen. Sie lief erleichtert auf die andere Seite zu euch. Dann stellte sie sich wieder in Position und lief noch einmal durch, wieder in einem Atemzug, und diesmal schrillte kein Alarm. Danach brachte der Mann in Uniform sie zum Flugsteig: Sie drehte sich noch einmal um und winkte euch zu, und ihr habt ihr zugelächelt und gehofft, dass alles gut geht.

Mit vierzehn beachtete sie den Metalldetektor gar nicht mehr. Sie passierte ihn nur noch ein kleines bisschen verlegen und kokett witzelnd. Wenn der Alarm schrillte, breitete sie die Arme aus, als wäre das keine Kontrollmaßnahme, sondern der Schlusspunkt einer akrobatischen Übung, der Stand nach einem Purzelbaum oder der Abgang von einem Barren. Sie riss die Arme weit auf, streckte die Brust vor. Danach nahm sie ihre Tasche vom Band, winkte euch zu und verschwand Richtung Ausgang. Bis euch eines Tages, just als sie das Tor passiert hatte, einfiel, dass ihr vergessen hattet, ihr das Brötchen für den Flug mitzugeben. Ihr habt mit den Armen gerudert. Sie legte gerade die Armbanduhr wieder an und hängte sich den Rucksack um. Sie suchte ihren Flug auf der Anzeigetafel und ging los, ohne sich umzudrehen. Bestimmt hat an dem Tag jemand gesehen, wie ihr – alle beide jenseits des Tors –, dastandet, bereit zum Abschiedslächeln und -winken und mit einem Brötchen in der Hand. Und bestimmt hat er euren Gesichtsausdruck gesehen, als ihr alles wieder einpacken musstet.

Peinlichkeit
Schande Scham

Vergogna

[ver'goɲɲa]

Vielleicht geht deine Uhr ein paar Minuten vor, du könntest es also eigentlich etwas entspannter angehen lassen, aber du bist in jedem Fall viel zu spät dran, und du darfst auf keinen Fall den Bus verpassen. Du warst schon immer so, auch als junges Mädchen, du hast alles bis zum letzten Moment aufgeschoben, um Zeit zu sparen: Erst ganz viel Vorsprung und plötzlich und unerklärlicherweise zu spät dran. Damals hast du dann eben zwei Treppenstufen auf einmal genommen und die letzten mit einem Satz übersprungen. Du hast die Haustür aufgerissen, bist losgespurtet und gerannt, so lange deine Beine und deine Lunge es zuließen. Wenn du zu einer Verabredung kamst, warst du völlig außer dir, hattest einen hochroten Kopf und musstest dich erst mal vornüberbeugen, die Hände auf die Knie stützen und warten, bis du dich ausgekeucht hattest. Dann hast du dich wieder aufgerichtet und lächelnd um Entschuldigung gebeten. Aber damals warst du ein junges Mädchen und jetzt nicht mehr, und deshalb schämst du dich, vor anderen Leuten zu rennen.

Also siehst du dich, wenn du aus der Haustür trittst, zunächst mal um. Zum Glück lässt der Winter die Nacht früher anbrechen, das kommt dir entgegen. Du gehst erst so schnell wie möglich, nach jedem dritten Schritt wird daraus so etwas wie ein Laufschritt, der sich aber sofort wieder einkriegt und zu einem Spazierschritt beruhigt. Ein Mann mit Hund – den du kennst und der dich kennt – kommt dir entgegen. Aber da ist immer noch der Bus, der drei Straßen entfernt halten soll. Also machst du wieder zwei dieser halben Laufschritte zwischen den anderen und hältst deinen Busen fest, man soll nicht sehen, wie viel du hast – wie ist der eigentlich mit der Zeit so üppig geworden? –, außerdem macht er sich dauernd selbständig. Als du bei dem Mann mit dem Hund bist, grüßt du kurz und fängst einen Schritt hinter ihnen sofort an zu laufen. Zumindest versuchst du es, aber die Tasche zerrt an einer Seite, und die Schuhe sind auch nicht wirklich die richtigen.

Am Ende der Straße kommen die Umrisse des Autobusses in Sicht, aber um die Sache richtig kompliziert zu machen, biegen gleichzeitig zwei Jugendliche Arm in Arm aus einer Nebenstraße genau auf deinen Bürgersteig. Jetzt wird dir klar, du hast keine andere Wahl. Entweder du beschließt – was soll's – den nächsten Bus zu nehmen, oder du findest dich mit einem Spurt ab und meidest beim Vorbeilaufen einfach den Blick der jungen Leute. Du kannst dich nicht entscheiden, du gehst und rennst abwechselnd, während die Umrisse des Busses immer größer werden. Und plötzlich denkst du, egal, dann ist es eben lächerlich – Amen –, aber du willst diesen Bus kriegen, und rennst los. Und während du rennst und spürst, wie dein Busen auf und ab hüpft, und du knallrot wirst, klar, ausgerechnet direkt vor den Kids, musst du lachen. Du lachst aus allen möglichen

Gründen: weil du dich schämst, aber auch weil Laufen wunderschön ist und du eine Freude im Körper verspürst, die du nicht mal dir selbst je eingestehen würdest.

Fuchs
Fuchs
Volpe

['volpe]

Wie sollst du denn – das war das Erste, was dir einfiel unter dem Blick, mit dem die Frau dich bedacht hat – diese Bäckerei je wieder betreten? Seit sechs Jahren kommst du jeden Tag nach der Arbeit hierher, um zehn nach sechs: fünf Brötchen und zwei Minipizzen für die Kinder. Aus den kleinen Kindern sind inzwischen große Kinder geworden, mit ihnen ist die Anzahl der Minipizzen gewachsen, und sie kaufen sie sich auch oft selbst. Jedes Mal lässt die Frau dich wissen: »Die Pizzen haben Ihre Kinder schon geholt, Herr Professor.« Dann nimmt sie fünf Brötchen aus dem Strohkorb, führt dir vor, wie gut sie duften, wenn man mit dem Finger draufdrückt – »Was meinen Sie, Herr Professor, gut so?« –, und steckt sie in eine Papiertüte. Aber diesmal bedenkt sie dich mit einem Blick, und in dem liegt Argwohn wie eine schwarze Wolke, die plötzlich über einem See aufgezogen ist. Sie hat den Zehn-Euro-Schein, mit dem du gerade bezahlt hast, in der Hand und wedelt dir damit vor dem Gesicht herum: »Herr Professor, der ist falsch!«

Du hast gar nicht mehr gewusst, wie das ist, wenn man rot wird. Aber diesmal – du bist fünfzig und bringst von Berufs wegen andere Leute zum Rotwerden – fängt dein

Gesicht an zu glühen. Du schnappst dir ärgerlich den Schein und lässt ihn im Portemonnaie verschwinden, dann erklärst du der Frau, dass du selbstverständlich keine Ahnung hattest – »Entschuldigen Sie mal, glauben Sie etwa, ich wollte Sie betrügen?« – und zuallererst mal du selbst Opfer eines Betrugs geworden bist. Doch die Röte weicht nicht aus deinem Gesicht, und du drehst dich um und guckst, wie viel Volk um den Pranger steht, an den die Frau dich gerade gestellt hat. Aber im Laden sind nur eine Nonne und ein Junge, und beide sagen nichts, der Junge versteckt sich unter seiner Kapuze, und die Nonne redet mit ihrem Handy. Also ziehst du einen anderen Schein aus dem Portemonnaie und reichst ihn der Frau, von oben herab. Sie nimmt ihn, rubbelt daran herum, um die Echtheit zu testen – dein Gesicht wird grundlos wieder röter –, und gibt dir heraus, immer noch mit diesem argwöhnischen Blick.

Du verlässt die Bäckerei und denkst, nein, in den Laden gehst du nie wieder. Zum Glück ist es draußen kalt, und du nimmst den Weg durch die Allee, damit das Winterwetter Zeit hat, dein Gesicht abzukühlen. Es brennt trotzdem weiter, aber vielleicht noch brennender ist der Gedanke, dass du jetzt zehn Euro weniger hast. Eine Frau kommt dir entgegen, sie hat es – auf eine etwas unbeholfene Art – eilig, danach ein gelangweilt vor sich hin schlenderndes Pärchen. Und dann tust du etwas, das du dir niemals hättest vorstellen können: Du hältst die beiden an – er könnte einer von deinen Studenten sein, stellst du fest, als du ihn ansprichst – und fragst, ob sie zufällig zehn Euro wechseln könnten, du bräuchtest Münzen für den Zigarettenautomaten. Die beiden kramen in ihren Jacken, sagen entschuldigend, dass sie nicht mehr als ein paar Cents und einen Fünf-Euro-Schein haben – ja, das muss wirklich einer von deinen Studenten sein, denn er wird jetzt rot –, und stecken den Zehner ein. Dann schlendern sie wieder weiter, Arm in Arm, und du siehst ihnen nach, mit einem Fuchsgesicht.

Zoo Zoo Zoo

['dzɔːo]

Diesen Satz sagten sie immer mit einer Prise Verächtlichkeit, die vielleicht ungewollt war. Eigentlich erzählten sie gern und ausschweifend, wenn sich jemand nach ihren Kindern erkundigte. Zuerst kam der kleinste der drei dran, der Umtriebigste von allen, immer im Auto unterwegs oder am Telefon – zu viele Bräute um die Beine, wenn man denn in private Details gehen wollte –, und immer stöhnte er über die Höhen und Tiefen des Immobilienmarktes. Danach kam die Älteste, die hatte ihnen drei Kinder in vier Jahren aufgetischt – sie sagten wirklich »aufgetischt«. Wenn sie von ihr erzählten, gaben sie sich ermüdet von ihrem Dasein als dreifache Großeltern, aber die Müdigkeit war mit Koketterie gespickt – hatten sie selber bei der Altersversorgung ihrer Eltern mit Enkeln etwa nicht den gleichen verteufelten Rhythmus vorgelegt? Dann kamst du an die Reihe, die mittlere Tochter. Du tauchtest in ihren Erzählungen auf wie Petersilie in Zahnzwischenräumen. Du wurdest kurzerhand beseitigt mit dem Satz – und der ungewollten Prise Verächtlichkeit –, du seiest in deinem Zoo. Und weg war die Petersilie.
Als sie zum ersten Mal drei Kaninchen auf dem Sofa sitzen und eine Gans durch die Wohnung laufen sahen, waren

sie perplex. An Hunde hattest du sie schon als kleines Mädchen gewöhnt: Sonnabends wolltest du immer unbedingt zum Zaun des Tierheims, und im Laufe der Jahre hatten sie dir ein paar Mischlinge zugestanden. Auch die Katzen hatten sie hingenommen: Als du nach der Universität in deine eigene Wohnung gezogen warst, hattest du dir fünf zugelegt, die hatte dein Vater im Notfall sogar versorgt. Seit der Zeit sagte deine Mutter – immer wenn sich jemand nach ihrem Mann erkundigte –, er sei im Zoo und füttere die Tiere seiner Tochter. Dann hattest du beschlossen, in das Landhaus der Familie zu ziehen, und das hatten sie für eine prima Idee gehalten. Eine ganze Zeit lang hatten sie dich in Ruhe gelassen, abgesehen von den sporadischen Anrufen deines Vaters vor dem Zubettgehen. Dann waren sie eines Sonntagmorgens plötzlich aufgekreuzt, es sollte eine Überraschung sein, und deiner Mutter fiel die Torte aus der Hand, als sie in die Küche kam und ein Huhn in der Spüle hocken sah.

Danach hüteten sie sich, noch einmal zu kommen. Auch von deinen Geschwistern hörtest du vor lauter Bräuten und Immobilienmärkten und Stillzeiten kaum je etwas. Dein Vater sorgte mit seinen schlaftrunkenen spätabendlichen Anrufen für etwas Anschluss – aber deine Mutter nahm ihm, wenn er danach auch ins Bett kam, nicht ab, dass du heiter und vollkommen ruhig geklungen hattest. Eines Sonnabendnachmittags – Jahre später – kreuzten sie alle zusammen auf und wollten deinen dreißigsten Geburtstag feiern. Eine Staubwolke von den Autos und eine Hupfanfare von deinem Bruder. Als sie die Autotüren öffneten – mitten im Zoo –, kamst du mit zwei Hühnern zwischen den Füßen aus dem Haus. Eine Sekunde später waren sämtliche Hunde und Katzen, die Hühner und die Kaninchen um dich geschart. Die Gans blieb auf der Schwelle stehen. Zwei der Hunde fixierten deine im Hof angetretene Familie und fingen an, drohend zu bellen, aber du hast sie mit einer Handbewegung beschwichtigt. Dann bist du zwischen ihnen in die Hocke gegangen – ja, vollkommen ruhig – glücklich, in gut zwanzig Metern Abstand von den Menschen.

Der Lehrer hat uns angesehen, nachdem er die Handvoll Buchstaben, die er in den Händen hielt, vor unseren Augen hatte vorbeiziehen lassen. Sie sahen jetzt aus wie ein kleiner Trümmerberg, als wäre das alles, was noch übrig war von der Welt, die vorher auf eigenen Füßen gestanden hatte. Das N war unter dem Gewicht der anderen Buchstaben begraben und kaum zu erkennen. Vom C ragte nur der eine Bogen heraus. Das F stand wie fahnenschwenkend oben auf allen anderen. Jeder von uns hatte nach einem Buchstaben gesucht. Dem Anfangsbuchstaben seines Namens vielleicht. Die Kecksten hatten sogar in dem Haufen herumgekramt, bis sie gefunden hatten, was sie suchten. Der Lehrer hat sich, nachdem er uns allen das Häufchen unter die Nase gehalten hatte, an sein Pult gesetzt. Er hat in die Kiste geschaut wie in einen tiefen Brunnen. Genau in dem Moment hat es an der Klassenzimmertür geklopft. Der Lehrer hat uns mit großen Augen angesehen. Und wir sind alle, ohne dass er es uns sagen musste, sofort zu unseren Plätzen gelaufen. Dann hat er hastig die Buchstaben in die Kiste fallen lassen. Zum Schluss hat er sich geräuspert. Noch beim Wort: »Herein!«, als die Klinke schon knarzend heruntergedrückt wurde –, hat er den Deckel mit einem Klack geschlossen und uns zugezwinkert.

Wörter eines Lebens – eine Nachbemerkung

Als ich beschloss, dieses Buch zu schreiben, tat ich es aus einem sehr einfachen Grund: Ich wollte Ordnung bringen in mein Leben, das mir dem Chaos geweiht zu sein schien. Und Wörter sind hilfreich beim Ordnen. Sie eignen sich perfekt als Schachteln zum Sortieren all dessen, was existiert. Zeit unseres Lebens nutzen wir sie wie Sammelbehälter: Wir legen alles Existierende darin ab, laden sie auf mit Gefühlen, mit Empfindungen, fügen Hunderte von Gerüchen, von Geräuschen dazu. Wir benutzen Wörter so, wie man Schränke benutzt. Wir verwahren unsere Erinnerungen darin: die raumgreifendsten kommen auf Bügel, die kleinsten zusammengefaltet in Fächer, die empfindlichsten umhüllen wir mit feinem Papier, damit sie nicht vom Staub beschädigt werden.

Das alles tun wir, fast ohne uns dessen bewusst zu sein. Man hat uns diese Behälter gegeben, als wir Kinder waren, man hat uns gesagt, dass sie Wörter heißen, und wir haben einfach angefangen, die Welt hineinzustecken. Aber jedes Mal, wenn wir einem dieser Wörter wiederbegegnen, weil es auf einem Blatt Papier steht, oder es hören, weil irgendjemand es ausspricht, oder wir es – wieder einmal – selbst in den Mund nehmen, öffnet sich die Schachtel. Ein Wort genügt, und schon hebt sich der Deckel und sie kommen wieder heraus: all die platzsparend gefalteten und gebügelten Wörter, sortiert nach Jahreszeiten. Und mit ihnen die Gerüche und Geräusche, von denen wir dachten, wir hätten sie vergessen, dabei waren sie einfach immer da, steckten in den Wörtern und warteten darauf, von jemandem gerufen zu werden. Manchmal füllt sich dann das ganze Zimmer mit Heiterkeit, andere Male weht Melancholie herein wie Zugluft durchs Fenster und noch wieder andere Male eine Liebe, die wir gar nicht mehr in Erinnerung hatten.

Deshalb hat jeder Mensch im Leben eine Handvoll wichtiger Wörter, mehr braucht er nicht, wenn er versuchen will, sich selbst zu erzählen. Es sind nicht für jeden dieselben Wörter, denn das Leben ist nicht manövrierbar, es weicht aus in den Schutz unvorhersehbarer Wörter. Manchmal sind es feierliche, hochtrabende Wörter, manchmal schlichte Wörtlein, die niemand in Marmor meißeln würde und die doch von grundlegender Bedeutung für unser Leben sind. Ich habe, bevor ich mich ans Schreiben machte, versucht, alle Wörter, in denen sich mein Leben gesammelt hatte, auf ein Blatt Papier zu notieren. Dann fing ich an: Ich hob den Deckel von jedem einzelnen, und was Sie hier gelesen haben, ist das, was ich jeweils über dem Papier schweben sehen konnte. Sie haben es bestimmt erkannt, denn das Leben, so kompliziert, so subjektiv es auch ist, erkennt man sofort. Es hat so einen gewissen Flügelschlag, der alle und alles herumwirbelt, und er erwischt uns immer unerwartet.

Andrea Bajani, im September 2016

Das Alphabet im Überblick